[美] 埃里克·布伦内尔 著
（Eric Brechner）
许峰 肖蓬 周琴 译

用看板管理敏捷项目

提升效率、可预测性、质量和价值的利器

AGILE PROJECT MANAGEMENT WITH KANBAN

電子工業出版社
Publishing House of Electronics Industry
北京·BEIJING

Eric Brechner：Agile Project Management with Kanban
ISBN: 978-0-7356-9895-6

版权贸易合同登记号 图字：01-2019-3407

图书在版编目（CIP）数据

用看板管理敏捷项目：提升效率、可预测性、质量和价值的利器 /（美）埃里克·布伦内尔（Eric Brechner）著；许峰，肖蓬，周琴译. —北京：电子工业出版社，2020.1
书名原文：Agile Project Management with Kanban
ISBN 978-7-121-37017-5

Ⅰ. ①用… Ⅱ. ①埃… ②许… ③肖… ④周… Ⅲ.①项目管理 Ⅳ. ①F27

中国版本图书馆 CIP 数据核字(2019)第 262463 号

责任编辑：刘露明
印　　刷：北京天宇星印刷厂
装　　订：北京天宇星印刷厂
出版发行：电子工业出版社
　　　　　北京市海淀区万寿路 173 信箱　　邮编：100036
开　　本：720×1000　1/16　印张：13.5　字数：180 千字
版　　次：2020 年 1 月第 1 版
印　　次：2024 年 2 月第 6 次印刷
定　　价：68.00 元

凡所购买电子工业出版社图书有缺损问题，请向购买书店调换。若书店售缺，请与本社发行部联系，联系及邮购电话：（010）88254888，88258888。
质量投诉请发邮件至 zlts@phei.com.cn，盗版侵权举报请发邮件至 dbqq@phei.com.cn。
本书咨询联系方式：（010）88254199，sjb@phei.com.cn。

对本书的赞誉

“我有幸与 Eric 密切合作多年。那时候，他是 Xbox 最高效的、始终如一保持高产出的软件工程领导者之一。他有关软件工程的理念和方法是真正成功的。”

——Kareem Choudhry，Xbox 软件工程董事合伙人

“Eric 言简意赅地解释了为什么看板方法已被证明是管理和跟踪复杂工作的有效方法。Eric 通过自己对看板方法的深刻理解，以及在微软的实践经验，帮助我们识别和规避在实施看板方法过程中遇到的常见困难和风险。”

——Richard Hundhausen，Accentient Inc.总裁

“了解 Xbox 如何在其平台的大规模开发中使用看板方法，印证了该方法的真实有效性。Eric 是一位实干型的软件开发管理实践者，他的建议来自其切身的体验，值得信赖，极具可操作性，并且非常务实。”

——David J. Anderson，Lean Kanban Inc.主席

“看板方法帮助 Xbox 团队在非常苛刻的环境中有效管理不断变化的优先级和需求。这本书阐述的理念为我们提供了一个用于日常工作的框架，使我们得以向客户提供高质量的可交付成果。”

——Doug Thompson，Xbox 工程首席项目经理

译者序

很荣幸，承蒙电子工业出版社编辑的邀约，我组织并参与了本书的翻译工作。本书不是一本关于看板的理论书籍（虽然书中最后一章对看板相关的知识体系进行了展开阐述），而是为那些希望用看板实际交付价值的读者所编写的。作者汇聚了自己在微软 Xbox 项目组中引入看板方法时所采用的实践、遇到的挑战及应对的措施，具有极强的实战价值。

在过去的几年里，我在很多公开课和企业内训课里带领过一个叫作《凤凰项目——DevOps 业务模拟》的沙盘游戏。这个沙盘的设定是一家企业的 IT 部门在面对纷至沓来的各种业务需求、客户商机、日常操作及服务事故时如何操作，以帮助公司业务取得成功的场景。在玩这个沙盘游戏的初期，我们往往会看到所有游戏参与者急匆匆地在场地间往返奔跑、大声沟通，以期完成手头的工作，而同时新的需求不断涌来。可以观察到，即便所有人都全情投入，但结果往往不尽如人意。这时候，“更忙”已经不再是一个可行的选项，我们需要一个系统来为我们服务。往往，这个系统和看板有着密不可分的联系。

沙盘反映的其实是一个时间轴压缩了的工作场景。如果你的项目也有下面的状况：各种需求快速堆积，人员不停地加班，但就是难以按照理想的状况低成本、按时、高质量地交付客户价值，那很可能你也需要这样一个看板系统。按照大野耐一的说法，“看板的目的是让问题浮现到表面。”

看板的启动非常容易（见第 2 章），而且它可以适配任何类型的项目，无论是传统的瀑布式、Scrum 开发方法，还是运维类的工作，看板甚至也适用于个人工作和生活的管理。但是要用好它并不容易，很多采用了看板的团队往往把这块板仅当成一块需要应付填充任务的板，久而久之，团队看不到它的价值，就不再采用了。

本书给出了用好看板最为实际的、全面的阐述，不但有待办事项管理、看板墙设计、在制品限制调整、速度和质量度量等内容，还涵盖了任务估算、工期计算，甚至讲述了如何把分支管理、持续集成、持续交付等整合进看板中，让人大开眼界。考虑到大多数人对改变工作方法心存疑虑，作者也据此在很多章节后面给出了“开诚布公的问答”，帮助解答在实践看板过程中可能产生的种种疑惑。

翻译本书的过程充满了挑战和乐趣，我和另外两位译者肖蓬、周琴也采用了看板方法管理我们的工作进度，记录并解决翻译过程中出现的一个个问题，体验了看板在一项翻译工作中起到的积极作用。

最后，我谨代表译者团队对我们家人的支持表示衷心感谢，没有你们的默默付出，我们不可能在较短的时间内完成这项工作。另外，感谢电子工业出版社的刘露明编辑对我们的信任和支持，使整个合作过程高效而有序。也期待我们的读者从阅读本书中获得实施看板的最大收益！

许　峰

译者介绍

许　峰

DevOps、敏捷、精益IT转型顾问、培训师，专注于IT组织效能提升及数字化能力建设，帮助企业IT从传统研发及运维模式向DevOps、敏捷项目管理、精益IT、轻量级IT服务管理等现代化能力转型。有超过20年的IT从业经验，尤其聚焦在软件全生命周期管理。他的职业生涯履历包括软件开发专业人士、项目管理专业人士、软件及服务产品部门顾问，以及大型IT企业的高级管理人员。

肖　蓬

PMP，ACP，CSP，DevOps Master。任职于一家通信行业500强企业，高级项目经理，有超过10年跨国大规模研发、运维等项目管理经验，熟悉产品生命周期管理、大规模敏捷项目管理的体系架构及应用。所任职企业是敏捷项目管理实践的先驱之一，曾参与组织级别敏捷转型，多年来一直致力于敏捷项目管理方法的学习及应用，对于敏捷管理体系及工具有深入的理解和丰富的实践经验，善于带领团队应用新的敏捷管理方法提升效率。

周　琴

CSM，PMP，DevOps Master，ACTP，软件开发经理、情商教练和敏捷践行者。有超过10年的在世界500强企业中实战的经验，负责研发企业级的项目及项目组合管理软件，专门为世界 500 强公司提供大规模敏捷、项目管理和项目组合管理的解决方案，帮助 IT 敏捷转型。同时，关注敏捷和看板开发，积极实践各种敏捷方法，曾担任过产品负责人、研发经理、敏捷教练，主持无角色团队和设计团队等敏捷转型的一系列工作。

前言

致 Corey Ladas，他曾建议我通过新的视角去观察。

我是一名专业的软件开发人员，已经在这个行业工作几十年了（目前工作在微软 Xbox 项目上）。没人会因为我是认证的流程大师，或是狂热的流程鼓吹者而付给我报酬。我是因为按时、低成本、高质量交付客户喜爱的软件而得到报酬的。

我在具有高度不确定性的环境中从事软件开发工作，优先级、需求和客户期望每天都在变化。我在竞争激烈的环境中开发软件，产品为争夺市场份额而竞争，同行们也会为薪酬而竞争。我的软件开发同行们都处于同样的环境中，无论他们在哪里工作，也无论他们生产什么产品。

我一直在寻找自己的竞争优势——使生活更轻松、更富有成效，同时为我的客户带来更好的产品。20 世纪 80 年代，当我在 Leumi 银行、NASA 喷气推进实验室、Graftek 和美国硅谷公司工作时，我专注于现在所说的设计模式[1]和单元测试；90 年代，当我在波音公司和微软公司工作的时候，我和我的团队尝试了瀑布式里程碑和不同长度的产品稳定期、T 恤估算法、

① 设计模式（Design Pattern）：是对软件设计中普遍存在（反复出现）的各种问题所提出的解决方案。这一术语是由埃里希·伽玛（Erich Gamma）等人在 20 世纪 90 年代从建筑设计领域引入计算机科学的。——译者注

个人判断、缺陷监禁[①]、持续集成及设计和代码审查；2000 年后，我管理的微软团队尝试了团队软件流程（Team Software Process，TSP）[②]、Scrum、代码审查、静态分析、计划扑克、结对编程和测试驱动开发；2010 年以后，我发现了持续部署、看板方法，并且在此基础上发展和演进 。

上面列出的一些方法你可能并不熟悉。我认识的专业软件开发人员大多都不喜欢尝试新方法。通常他们从工作过的第一个专业软件开发团队中学到一种适合他们的方法，并且希望一直坚持使用这种方法。

尝试不同的方法是痛苦的，并且可能在最初阶段造成生产率下降，但新的方法使我的团队能够超越同行们。我的团队比其他做类似工作的团队要小得多，但成员们在相同或更少的时间内以更高的质量创造了更大的价值。这并不是因为我的团队成员都是神人，或以其他人 20 倍的速度在工作。（我拥有很好的团队成员，但他们并不是神话人物。）我的团队只是每小时都能产出更高的价值。

你可以尝试所有我试用过的方法，但很费时，并且冗长乏味。虽然我和我的团队从每次实验中都有新的收获，但并不是所有的方法都产生同等价值。我现在和以前的团队仍然在不同程度上使用设计模式、单元测试、持续集成、设计和代码评审、静态分析、计划扑克、结对编程、测试驱动开发和持续部署，然而，对团队生产率和质量影响最大的是 Scrum——直到 4 年前我们转换到看板方法。应用看板方法，我可以第一次在漫长的职业生涯中坦诚地说：我的团队工作的每分钟都在为客户创造新的价值，没

---

① 缺陷监禁（Bug Jail）：指当某位（些）研发人员所负责的缺陷数量超过设定的最大值时，这位（些）研发人员要被强制进入缺陷监禁状态。在此状态中，研发人员只能解决缺陷，不能进行特性开发的相关工作，直到缺陷数量降至已设定的目标值以下。缺陷监禁的设置初衷并不是用来惩罚研发人员的，而是用来起到预警作用的。——译者注

② 团队软件流程（TSP）：TSP 旨在提高软件开发质量和生产率水平，以帮助团队更好地满足成本和时间要求。——译者注

有浪费时间和精力，产品质量得到了保证。

这本书讲述了如何在你的团队中复制我的成功。我已经做了所有的实验，经历了所有失误。我从中选取了重要内容，用平实的语言和简单直接的步骤展现出来，这样你就可以直接应用并从中获益。不要只是让你的同行们读这本书、用看板，这会让你自己看上去是个老古董。按照书中描述的简单步骤，开始创造出客户喜欢的、更好的软件，即高质量的、准时交付的、低成本的产品。

谁应该阅读这本书

这本书是为希望尝试新的方法或有抱负的软件开发专业人士撰写的。你可能从 20 世纪 60 年代就已经开始开发软件，也可能刚刚大学毕业；你可能在一个软件公司工作或任职于大公司的 IT 部门中，也可能是自己开发应用程序的程序员或网络开发人员；你可能是一名软件分析师、项目经理、项目集经理、开发人员、测试人员、项目负责人或部门经理。只要你是一名软件开发的实践者，就会发现这本书很有启发性，极具价值。

这本书提供了务实和规范的分步指导，以说明如何以最高的质量、在最短的时间内、以最低的成本为客户创造最大的价值。本书中包含了图表、工作表单、“开诚布公的问答”和常见问题，以阐明概念并指导你走向成功。这本书还有一些章节特别针对那些想要从传统的瀑布式方法或 Scrum 转向看板方法的读者。

尽管最后一章“更多资源及其他”涵盖了看板方法和其他技术背后的基本理论，但如果你正在寻找更深入的参考资料，这本书可能不适合你。学生、学者和顾问可能喜欢不同类型的内容，以做深入的理论分析和实践。我在最后一章中列出了几篇这样的文章。

本书的架构

本书关注的是一个特性团队（3~10 人）在应用看板方法时可能经历的过程。

- 第 1 章“获得管理层同意”，涵盖了获得管理层同意应用看板的方法和步骤（开始应用看板之前的必要条件）。本章包括一封致公司经理的公开信，并附有建议书。
- 第 2 章“看板快速启动指南”，可以让你基于现有的待办工作列表，在几天内熟悉看板方法。本章还包括“常见问题”部分。
- 第 3 章“如期交付”，帮助团队成员填充并排序待办工作列表，估算项目所需的时间和资源。
- 第 4 章“从瀑布式方法演进”和第 5 章“从 Scrum 演进”，适用于目前使用传统瀑布模式或 Scrum 的团队。这些章节总结了针对使用看板方法的争论，提供了适应或演进到看板的步骤，并回答了团队可能存在的疑问。这些章节及其中包括的“开诚布公的问答”都是基于我将看板方法引入传统瀑布式和 Scrum 团队的经验总结。
- 第 6 章“部署组件、应用程序和服务”，着重于用看板方法向客户交付价值，从持续集成到持续部署。
- 第 7 章“在大型组织中应用看板方法”，适用于在大型项目中有数百或数千名工程师的团队，包括如何适应看板方法，以及如何对管理层报告项目状态。
- 第 8 章“持续工程”，来自 James Waletzky，讲述了如何应用看板方法维护已发布的软件。
- 第 9 章“更多资源及其他”，概述了看板方法的理论基础，并且介绍了如何在前面几章讲述的实践基础上进行改进和超越。本章为那些想继续学习和发展的人提供了更多资源。

致谢

我要先祝贺微软出版社成立30周年。Devon Musgrave是在Redmond周年纪念派对上找我写这本书的。非常感谢Devon的建议和对这本书出版的支持，也深深感谢我的编辑John Pierce，他对书中语言的可读性和一致性做出了卓越贡献。

这本书有6位评审者：David Anderson，Corey Ladas，Richard Hundhausen，James Waletzky，Doug Thompson和Vijay Garg。Doug和Vijay目前在我的两个团队工作，每天都使用看板。他们的反馈对于文章及示例的清晰和准确至关重要。James Waletzky是一位充满激情的敏捷实践者，我们过去一直在一起工作，他坦率的态度、认真的评审指导了我多年来的写作工作。James，带着我对他的敬畏，帮助我编写了“持续工程”(第8章)这一章。Richard很晚才加入这个项目，但提供了大量建议，并建立了看板方法与敏捷项目管理的紧密联系。我深信，如果没有经过专家的细致评审，就无法交付有价值的设计、代码或评论。从某种程度上说，这本书值得一读主要归功于这些杰出的评审专家。

特别感谢David Anderson和Corey Ladas。David在整个职业生涯中一直是项目管理方面的行业领导者。他是使看板方法产生演进的创始人。David在世界各地演讲，培训专业人士。自从我们多年前在微软合作以来，David就不惜花费自己的时间，慷慨地分享他的见解。他对这本书的准确性、框架及措辞的贡献至关重要，意义深远。即使在旅途中，David也花费了大量时间仔细评审这本书，对此我深表感谢。

Corey Ladas对我的思想和事业影响深远。Corey向我介绍了Scrum、敏捷、公理化设计①、TRIZ②、质量屋及许多其他技术。2007 年，Corey 邀请我去看他和 David 应用看板的成果，我立刻被吸引住了。尽管还需要花几年时间去尝试，我还是立即和尽可能多地向同行分享了这项成果。Corey 是一位深刻的思想者，他一直在挑战现状，无所畏惧、不屈不挠。他有时会显得强硬并充满反叛性，但他总是以诚待人且富有洞察力。我有幸能把他称为我的朋友。Corey 是我能写这本书的灵感来源。

最后，我要感谢我过去的经理们 Curt Steeb、Boyd Multerer 和 Kareem Choudhry，感谢他们让 Xbox 成为一个如此优秀的工作场所。感谢我的团队成员们，他们和我一起尝试新的方法，分享成功的喜悦。最后，也是最重要的，感谢我的妻子 Karen，我的儿子 Alex 和 Peter，有他们的陪伴我才能如此快乐！

下载

示例文件

我提供了几个示例文件，可以从下面的链接下载：

https://www.microsoftpressstore.com/store/agile-project-management-with-kanban-9780735698956

第一份文件是可以提供给管理层的一封信及建议的样本，以获得他们对于使用看板方法的首肯。第二份文件是一个 Excel 工作簿，其中包含了

① 公理化设计（Axiomatic Design）：公理化设计是一种系统设计方法，使用矩阵方法系统地分析客户需求，将其转化为功能需求、设计参数和过程变量。——译者注

② TRIZ：提供了一种系统的方法来理解和定义具有挑战性的问题，困难的问题需要创造性的解决方案，TRIZ 提供了一系列的策略和工具来找到这些创造性的解决方案。——译者注

书中所有示例的电子表格，包括计算在制品（Work in Process，WIP）限制、估算完成日期，以及随时间推移度量生产率和质量的图表。

按照页面上的说明下载文件即可。

系统要求

我们提供的文件采用 Office Open XML 格式。使用这些文件的基本要求是在计算机上安装 Excel 查看器和 Word 查看器。

勘误、更新，以及对本书的支持

我们已经尽一切努力确保本书及其配套内容的准确性。通过以下链接可以获取本书的更新信息——按既定格式提交的勘误信息及其相关更正：

http://aka.ms/pmwithkanban/errata

如果你发现了尚未列出的错误，请通过以上页面提交给我们。

如果你需要其他支持，请给微软新闻手册支持部门发送邮件：mspinput@microsoft.com。

请注意，微软软件和硬件的产品支持不再沿用以前的地址。有关微软软件或硬件的帮助，请转到：http://support.microsoft.com。

微软出版社免费电子书

从技术概述到关于特别主题的深入研究，微软出版社的免费电子书涵盖了广泛的主题。这些电子书以 PDF、EPUB 和 Mobi 适应 Kindle 的格式提供，可以从以下网址下载：

http://aka.ms/mspressfree

希望听到你的反馈

在微软出版社，读者满意是我们的首要任务，你的反馈是我们最宝贵的财富。请通过以下页面告诉我们你对这本书的看法：

http://aka.ms/tellpress

我们知道你很忙，所以我们只选择了几个问题。答案将直接被转到微软出版社的编辑手里（我们不要求提供任何个人信息）。先提前感谢你的反馈！

保持联系

让我们保持联系以继续共同探讨。你可以在 Twitter 上找到我们：

http://twitter.com/MicrosoftPress

目 录

第 1 章 获得管理层同意

本书介绍了如何使用看板方法高效、简单、可预测地管理软件项目。相比瀑布式开发、Scrum 及其他项目管理方法，看板可以帮助你高质量、按计划、按预算地交付价值。然而如果没有管理层的同意，它将惨败。

在开始进行任何形式的变革之前，即使像看板这样如此有效的方法，也必须得到管理层的认可。为什么？因为员工倾向于做他们被告知要做的事情，直到他们意识到他们得到奖励是因为还做了其他事情。告知员工，该做什么的人是管理层，决定员工奖励的人也是管理层。只有当经理们说“是的，你应该这样做”，并且随后奖励这样做的员工时，变革才能成功。

因此，要想让你和团队成功采用看板方法，必须首先说服管理层以得到他们的支持，或者至少不要成为阻碍，也不要因此惩罚团队成员。即便你自己是一名经理，你也必须保证各级管理层都不反对使用看板。

即使是好的改变，说服管理层做出改变也可能很难。一个被证实有效的方法是提出一个提案，简要地概述问题、解决方案、风险及应对措施、衡量成功或失败的标准，以及后续计划。

为了方便起见，我在本章中以一封给经理的公开信的形式提供了一个示例提案（你可以下载示例提案可编辑的电子版本，详情请参阅本书前言）。如果经理同意，你可以更自信地开展后续工作。如果在解除了经理的顾虑之后，你仍然没有得到他的批准，那么把这本书放回书架上，不要再看，或者找个新经理。祝你好运！

本章包含以下主题：

- 一封致经理的公开信
- 开展后续工作
- 清单

一封致经理的公开信

尊敬的×××先生/女士：

我们的团队希望采用看板方法来管理项目工作，本提案列出了做出这一改变的必要性、为何选择看板作为解决方案、所涉及的风险和建议的应对措施，以及实施改变的计划。我们期待您对此提案的反馈，并且期待在解决了可能有的任何顾虑后实施该计划。

问题

我们目前花了大量时间从事与交付客户价值毫不相关的工作。

- 我们参加了过多的有关规划和流程的会议。
- 问题恶化数周或数月后，才会被发现、分析和纠正。
- 不细心的团队成员纯粹因为速度获得奖励，这鼓励了他们写出代价高昂的缺陷（bugs），以及交付尚未完成的工作。

- 质量数周或数月不被检查，累积了大量的返工。

因为需求变化和工作优先级调整造成计划延期，这迫使我们开更多的规划和流程会议，浪费了大量精力在无效的工作上。

最终，我们的产品交付更晚、功能更少、质量更差、成本更高。过去我们只是接受这样的结果，因为我们一直都是这样做的。然而现在，我们认为找到了一个简单且有效的解决方案。

解决方案

看板方法是一种基于丰田准时制（Just in Time）的简单的项目管理技术。使用看板来管理我们的项目工作，将使我们能够将所有的时间和精力集中在为客户提供价值上。

- 看板仅根据需要召开计划会议，没有关于流程的特别会议。
- 看板能可视化项目工作流，在瓶颈出现的当天就将它凸显出来，迫使团队成员立即解决问题，或者群策群力一起去解决它。
- 看板防止粗心的团队成员过早地将尚未完成的工作当作已完成的工作。
- 看板在每一步都强制执行明确的质量标准，使质量检查提前。
- 看板最大限度地减少在制品（WIP），在几乎不需要任何沉没成本的情况下，就能让团队基于新的优先级和新的需求随时做出调整，并使团队能够按时交付。

看板不是万能的，并不能解决所有问题。它能做的是简化我们的项目管理，减少因会议、瓶颈和返工而损失的时间，更好地监管我们的产品质量，使我们交付客户价值更顺畅、更快速、更可预测。

与任何工作变化一样，团队需要几个星期去适应看板、几个月来掌握它。然而，我们都会享受到它带来的收益——按时且高质量地交付更多功能，花费更低的成本。

风险

任何变化都有风险，我们列出了采用看板方法的风险及应对措施（见表 1.1）。

表 1.1 采用看板方法的风险及应对措施

风险	应对措施
当团队适应新方法时，当前的工作可能中断	在新项目或里程碑开始时采用看板方法
某些团队成员可能反对变化	确保团队领导和影响者同意尝试看板 2 个月的时间
缺乏使用新方法的经验可能导致失败	为所有团队成员聘请一位看板教练，提供培训或书籍
在调整的前几周，团队的生产率下降	降低对第一个月产出的预期
状态和跟踪工具可能需要更新	让团队的项目经理每天将状态信息输入现有的跟踪工具
依赖和需求变化等相关的问题可能打乱对新方法的采纳	看板方法本质上擅长处理计划被打断这一问题，因此依赖问题和需求变化将提供很好的实践

尽管预计在最初几周内生产率会有所下降（随着任何变化而发生），但随后生产率的提高应该能迅速弥补损失的产出。

计划

以下是我们行动计划的概要，分为 4 个阶段（见表 1.2）。

表 1.2　行动计划

阶　段	活　动	持续时间
1	● 简单向团队领导和影响者介绍看板方法（进行中） ● 就 2 个月试用期达成一致 ● 提前 1 个月与团队沟通采用看板的计划 ● 为团队提供看板线上资源和书籍 ● 请有经验的教练回答一些早期问题 ● 创建生产率和缺陷度量基线	1 月
2	● 请顾问或团队专家为团队提供看板培训 ● 收集和整理待办事项 ● 记录用于为客户创造价值的当前步骤 ● 在团队所在位置附近的看板墙上创建进度展示板 ● 确定在制品限制 ● 为每个步骤设定完成标准	2 星期
3	● 召开每日站会 ● 每天在现有跟踪工具中输入状态信息 ● 跟踪生产率和缺陷度量指标 ● 请顾问或团队专家回答团队问题 ● 根据需要调整在制品限制和完成标准 ● 降低在此期间的产出预期	1 月
4	● 召开每日站会 ● 每天在现有跟踪工具中输入状态信息 ● 跟踪生产率和缺陷度量指标 ● 庆祝绩效改进	持续进行

每个阶段都建立在前一阶段成功的基础上。成功是以每个阶段活动的完成及团队的持续参与来衡量的。而整体成功则是基于第一阶段制定的基线来衡量的生产率和缺陷指标得到提升。

我们期待您对此提案的反馈，并且期待在解决了可能的任何顾虑后实施该计划。

真诚的，

一个致力于为客户提供最大价值的团队

开展后续工作

有些经理会支持团队的倡议，并且毫不犹豫地批准提案。对于他们来说，将随着团队的改进，所跟踪的生产率和缺陷度量指标能提供他们支持这一决策所需的所有反馈。

有些经理会持怀疑态度，并且要求进行更深入的审查。他们通常需要亲自体验看板，以消除心中的谜团，了解生产率和质量提升的根源，从个人体验中获得信心。所幸的是，可以通过看板模拟提供实践，并且展示其工作原理和使用方法。引入一位经验丰富的看板教练来模拟运行看板并回答经理的问题是值得的。教练们通常有专门解决管理层顾虑的项目。

在经理的顾虑得以消除之后，可以继续推进信中所描述的计划，后面的章节中将有具体说明。对于瀑布式和 Scrum 团队，有具体的章节阐明如何顺利采用看板方法。

Xbox 内部实践

当我的团队改用看板方法时，我不需要得到管理层的许可。作为 Xbox 开发经理，我可以酌情决定我的团队使用什么样的方法。但是，我的团队需要使用 Xbox-wide 跟踪系统来汇报特性的开发进展和缺陷情况［我们先使用了一个微软的内部系统——Product Studio，之后换到了 Visual Studio Team Foundation Server (TFS)，目前在使用 Visual Studio Online］。在第 7 章“在大型组织中应用看板方法”中，我讲述了如何将看板无缝融入大型项目中。

一开始我在几个从事 Web 服务的 Scrum 团队中使用看板。我向所有团队成员介绍了看板，并且询问是否有人有兴趣尝试。当时有两个团队尝试了看板，并且很快调整了工作节奏以持续交付。两个团队都喜欢看板，并且表示它们不会再回到 Scrum。这两个团队也很快接触到了我在以下章节中提到的许多具体建议。

在我将看板引入团队 8 个月后，在一次组织架构重组中，我被调到了另一个新的 Xbox 团队，我不得不从头组建团队。从微软各个部门招聘的工程师大多只有瀑布式开发经验。由于我们没有成熟的实践，我只是简单地介绍了我的团队使用看板方法的实践，习惯瀑布式开发的工程师很快就适应了看板方法。只要他们遵循我在本书中描述的关键原则，他们就可以根据需要自由调整看板。我在第 2 章“看板快速启动指南”的“常见问题”一节中提到了很多他们做出的调整。

清单

以下是在获得管理层同意使用看板时采用的清单：

- ❑ 征得管理层对于使用看板的同意。
- ❑ 根据需要更新提案用语、风险和计划。
- ❑ 将提案发给管理层。
- ❑ 请管理层审查看板，并且根据需要给管理层亲自尝试的机会。
- ❑ 解除管理层提出的任何顾虑。
- ❑ 创建生产率和缺陷度量指标的基线。
- ❑ 按计划执行，跟踪生产率和缺陷度量指标的改进。

第 2 章 看板快速启动指南

看板方法提供了一种简单的方式，得以按时、按预算为客户提供高质量的价值。如果你已经有一组待办事项和一个准备处理事项的团队（就像大多数团队一样），请使用本章立即开始。如果还没有待办事项或团队尚未组建好，那么请参见第 3 章“如期交付”，了解如何规划项目并为团队配备人员。

使用看板方法的快速启动步骤如下：

- 第 1 步：记录团队的例行工作。
- 第 2 步：重新布置看板墙。
- 第 3 步：为混乱设限。
- 第 4 步：定义完成规则。
- 第 5 步：召开每日站会。
- 常见问题。
- 清单。

第 1 步：记录团队的例行工作

团队成员会做以下多种不同类型的工作：

- 与合作伙伴、团队成员和客户讨论产品。
- 撰写和回复电子邮件，并且参与相关社交媒体的讨论。
- 查找、评估和修复缺陷与运维问题（故障单）。
- 跟踪反馈。
- 对产品和基础设施进行改进。

虽然所有这些工作都很重要，但看板方法主要关注最后和最本质的那一项：对产品和基础设施进行改进。

看板方法还可以管理一些非例行工作，例如：

- 为一场重要的演示做准备。
- 撰写建议书或重要设计文稿，或者推出重大变更。
- 修复特别复杂的缺陷或运维问题。
- 响应特别重要的产品反馈。

对于我来说，处理这些非例行工作和处理产品及基础设施的改进没有什么不同（详细信息参见本章“常见问题”小节）。现在，让我们先聚焦在产品和基础设施的改进上。

你可能已经遵循了一套工作程序来进行产品和基础设施的改进，图 2.1 是我的特性团队（3~10 人）使用的工作步骤。

图 2.1　工作步骤

一个采用了正式方法（可能是为了合规性），或者需要做深度设计的团队，可能使用很多步骤来分析工作项。而一个使用了复杂的过程或严格标准的团队，可能使用很多步骤来实施或验证工作项。那么你的团队典型的工作步骤是什么呢？请写下来。

以下是一些准则，可以帮助你保持工作步骤的简洁性。

↘ 1．只包含涉及你的团队的步骤

不考虑工作项交给团队之前发生的步骤（如其他团队执行的概要规划或规范），以及工作项移交给客户和合作伙伴之后发生的步骤。当然，可以把多个团队看成一个整体，并且把相关的步骤包含进来。但是，在快速启动指南中，我们尽量将其简化。

↘ 2．如果两个连续的步骤通常由同一个人完成，合并这两个步骤

再次重申，在看板开始阶段尽可能保持简单。如果某个工作项的开发人员通常也编写单元测试、编写代码并推动代码评审，只需要把这 3 个连续步骤叫作“实施”即可。一旦工作顺畅流动，你可能需要重新审视每个小步骤，以进一步提高质量和吞吐量。第 9 章“更多资源及其他”会详细介绍。

↘ 3．如有疑问，你可以使用我的团队采用的步骤

这些步骤相当通用：“分析（specify）”[①]“实施（implement）”“验证（validate）”和“交付（deliver）”。

第 2 步：重新布置看板墙

在记录了团队例行工作步骤以后，需要将这些步骤呈现在团队附近的

① specify 意指具体分析、说明、定义工作内容。这里按照一般软件开发流程的用法，采用“分析”一词作为 specify 的中文翻译。——译者注

展示板（signboard）上。团队成员应使用这个展示板来可视化进度，并且将记录卡（note cards）贴在上面以便跟踪他们的工作。（Kanban 在日语中的意思是“信号板”，但这不是一个完美的翻译。在丰田，它的意思是“信号卡”，用来跟踪和控制工作的记录卡。Kanban 的中文翻译是“看板”，即“看着这块板”，这也指代每日站会。由于这 3 个意思对看板方法都至关重要，因此 Kanban 是一个切合的、又包含多种含义的名称。）

你可以使用便利贴、胶带或磁铁将记录卡固定在白板或墙壁上，或者使用图钉将它们钉在软木板上。我的一个 Xbox 团队使用带有 Xbox Live 头像的磁吸。

在团队座位附近放置展示板会带来两个有趣的问题。

1. 为什么不只使用在线工具跟踪工作？

可视化工作流程是看板方法的核心原则之一。只有用最简单自然的方式让团队成员参与到工作流程中，团队成员才能快速识别和解决问题。比起在线工具，操作展示板上的记录卡更具有参与感，更快速、简单。（在大型组织中，团队的项目经理可以快速将展示板上的每日状态填写到在线跟踪工具上。）

2. 团队需要坐在一起并靠近吗？

当团队成员坐得很近时，可以更快、更容易、更自发地进行沟通，这样可以加快工作进度。团队成员不必坐在“团队专属房间”或开放式工位上，根据我的经验，成员分坐在有共用走廊的独立办公室里也可以工作得很好。把展示板放在团队成员座位附近，一方面使用起来方便，另一方面也提升了团队的认同感（“我们的看板在我们的区域”）。看板对于分布式团队也很有效，在线虚拟展示板可以很好地为分布式团队提供帮助。但如果可以选择，坐在物理展示板附近会更好。

为你的展示板选择好放置的位置后，就可以开始制作看板了。展示板左侧是“待办事项”区域，请保留双列的宽度。剩余的每个步骤都由两列组成。每个步骤的列宽应该和记录卡（便笺或索引卡）的宽度一致。可以使用胶带或马克笔在展示板上来表示列。图 2.2 展示板可能看起来的样子。

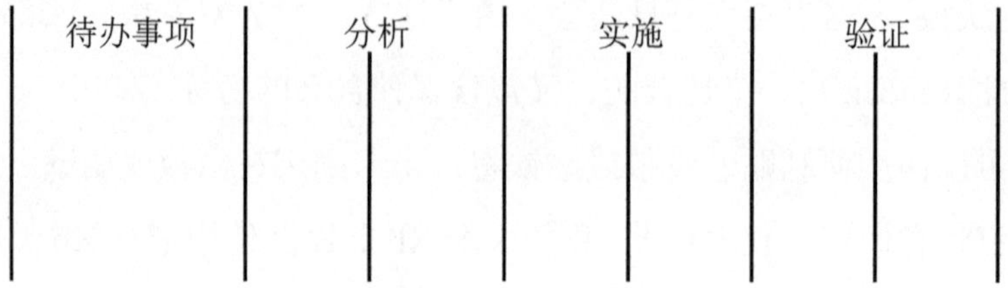

图 2.2　展示板

回顾在我团队中采用的例行工作步骤，你可能注意到第一步和最后一步的处理方式与中间步骤的处理方式不太一样。

- 第一步，“从待办事项中取出一个工作项”，我们用待办事项区域来表示。待办事项区域的记录卡按照要处理工作项的顺序排列（团队可以随时重新排序卡片）。当团队准备处理下一个工作项时，顶部卡片将被拿走。第 3 章介绍了如何填充和排序待办事项。
- 几个中间步骤——“分析”“实施”和“验证”，每个步骤分为两列。每个步骤的左列放置的是正在进行中的记录卡（如正在分析、正在实施或正在验证的工作项）。每个步骤的右列都包含已完成该步骤的记录卡（分析已完成、实施已完成或验证已完成的工作项）。
- 最后一步，“交付给客户或合作伙伴”，并未在展示板上有所体现，因为该操作通常由单独的流程来批量处理，例如，集成到大项目的主干中或部署到生产环境的 Web 服务。可以参见第 6 章“部署组件、应用程序和服务”中关于最后一步的详细说明。

Xbox 内部实践

这是我的一个团队早期使用的一个展示板（见图 2.3）。我们对在制品的限制变得越来越娴熟，并添加了一个“跟踪”（Track）列来记录需要在项目晚些时候完成的工作。我将在本章后面介绍这些技术。

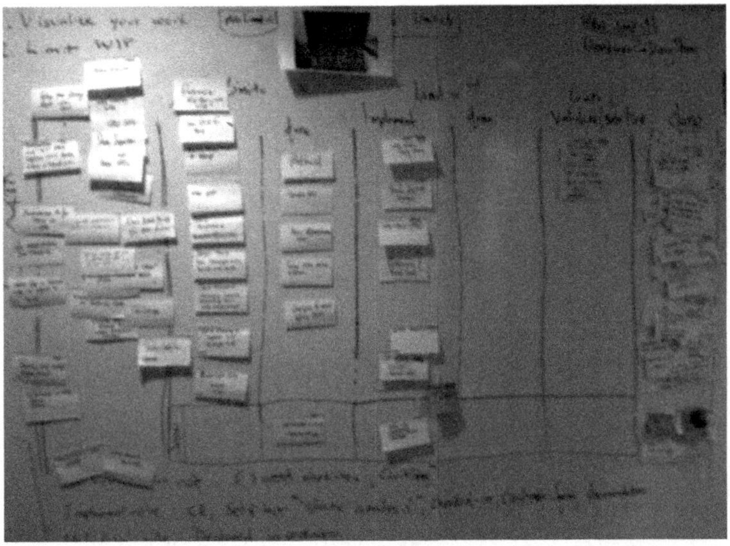

图 2.3　早期使用的展示板

我知道这张图片很模糊，难以阅读，这是为了保密的缘故。左上方是看板方法的基础——“可视化你的工作”和“限制在制品数量”。顶部的中间放了一张从网络上下载的枫树酒吧蛋糕的照片，因为团队决定把这个当成完成当前项目的奖励。最左边的列是“待办事项”。紧接着的是“分析”列（隐藏在便笺后面）和“完成”列，然后是“实施”步骤的两列和“验证”步骤的两列。请注意每个步骤上方写着在制品限制（在下一节中将描述）。每个步骤的完成规则写在展示板的底部。

第 3 步：为混乱设限

项目管理的很大一部分工作是减少团队合作中固有的混乱。项目管理方法的本质是通常可以通过它如何限制混乱来辨别，由此可见这一步的重要性。

- 在传统的瀑布式方法中，限制混乱的方式是，预先定义所有工作，执行正式的变更请求程序，以及在预先定义好的里程碑节点上，跨团队同步工作。
- 在 Scrum 方法中，限制混乱的方式是，计划有时间限制的迭代（Sprint）。当前迭代的任何变更，会放到下一个迭代里。在每个迭代结束时，与客户同步。
- 在看板方法中，通过直接限制在制品数量来限制混乱，就是限制每个步骤允许放置的记录卡数量，简单而有效。

看板方法中的在制品限制在控制混乱中起着两个重要作用。首先，它限制了因优先级变化、需求变更或设计改动而产生的工作量，这可以让团队几乎没有损失地快速响应；其次，在制品限制了工作的流速，使其与最慢步骤（也称为“约束”）相匹配。因为你不可能比最慢的步骤更快地完成工作，所以调整其他步骤来与之匹配，可以获得最高的效率和生产率（详见第 9 章）。

所以，要使用可以让团队充分参与为客户提供价值的最小在制品限制[①]。

- 首先，针对最慢步骤设置在制品限制。将其设置为执行该步骤的团队成员数量，再加上 50%的缓冲。这可以始终保持最慢的步骤全力工作，并仍然限制了该步骤中的记录卡的数量。
- 然后，使用比率为其他步骤设置在制品限制，以使其吞吐量与最慢

① 最小在制品限制：让在制品限制尽可能小，但同时仍可以让团队保持高效。——译者注

的步骤匹配。

- 这样，可以得到各步骤在制品限制的初始值，之后可以根据需要不断调整，以实现吞吐量的最大化。

图 2.4 是我过去的一个 Xbox 团队使用过的工作表。（你可以在线下载 Excel 电子表格，里面设置了相关的公式。）

确定WIP限制		在黄色高亮区域填写数值	
步骤	分析	实施	验证
A：每人每月的平均生产率	6	2	3
B：最慢生产率（在步骤A中最小值的那列）		2	
C：B上分配的人数		3	
D：B的吞吐量 (B * C)		6	
E：匹配B的吞吐量的人数 (D / A)	1	3	2
F：WIP限制 (E * 1½ 四舍五入（上舍入）)	2	5	3

图 2.4　工作表

对于此示例中的团队：

A　平均而言，每个业务分析师每月可以完成大约 6 个工作项的分析，每个开发人员每月可以实施大约 2 个工作项，每个测试人员每月可以验证大约 3 个工作项（由于在这里使用的是比率，也可以用每周或每天的生产率）。

B　“实施”是最慢的步骤（每人每月完成 2 个）。

C　该团队有 3 个开发人员实施待办事项中的工作项。

D　吞吐量是每月完成 6 个（2×3）。

E　将吞吐量除以每个步骤的平均生产率，可以知道每月完成 6 个时每个步骤所需的人员数（1 个分析师、3 个开发人员和 2 个测试人员）。

F　给每个步骤的人员总数增加 50%，四舍五入取上限值就可以得到每个步骤的在制品限制（分析 2 个、实施 5 个和验证 3 个）。

工作表中的在制品限制是很好的初始值。可以随时调整限制，以最大限度地提高团队产出和灵活性。本章的“常见问题”部分介绍了何时及如何调整在制品限制，以获得最佳结果。

可以很方便地在展示板的每个步骤旁边写下在制品限制，如图 2.5 所示。

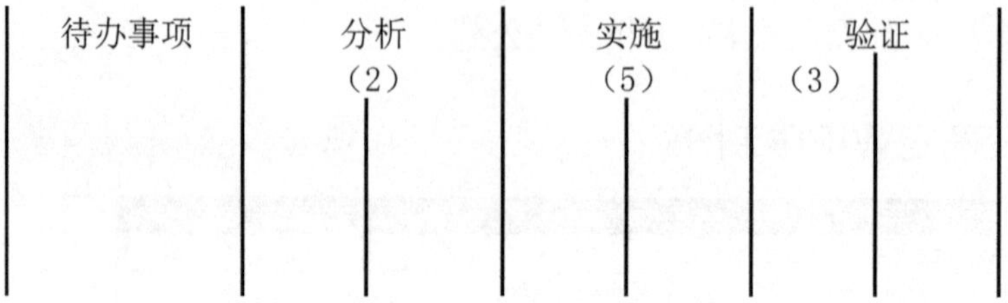

图 2.5 需要填写在制品限制的展示板

请注意在制品限制是作用于每个步骤的卡片总数，包含正在进行的卡片和已完成的卡片，但最后一步除外。最后一步的在制品限制只作用于该步骤正在进行的卡片，因为在最后一步，可以拥有无限数量的已完成卡（当工作项通过验证后，就表示其已经全部完成，不用在看板上管理了）。

Xbox 内部实践

在微软，团队的项目经理（Project Manager）也是业务分析师。我们称这个角色为项目集经理（Program Manager，PM）。虽然一个人同时承担两种角色可能更高效，但如果 PM 在其中一个方面较弱，则可能产生问题。对于拥有 100 多人的大型项目来说，这两个角色会由不同的人承担，专职的 PM 和特性团队的 PM。专职的 PM 主要承担项目管理职责，我们称他为发布经理（Release Manager）。特性团队的 PM 主要承担业务分析师的角色，但他也负责向发布经理报告其团队的状态。PM 在微软是一个很有挑战性的角色，优秀的 PM 会受到高度重视。

> 我现在的团队没有测试人员。在产品被大量客户使用之前，开发人员、自动化测试或合作伙伴会对改动进行测试和验证，主要运行的是 DevOps 模式（有关 DevOps 的详细信息，请参阅第 9 章“更多资源及其他”）。即使执行该步骤的很多人可能不在我的团队中，我们仍然在展示板上保留了“验证”这个步骤，因为它是每个工作项必须追踪的实际工作。看板方法被使用越多，你会越关注工作流畅度，而非陷于关注具体做事的人。结果证明，看板方法对团队合作、效率和持续交付客户价值都有好处。

第 4 步：定义完成规则

看板方法通过一种看似简单的机制来管理质量。记录卡上的工作必须通过某些规则，你才能将其从步骤的左侧列移动到右侧列。这些规则就是该步骤的“完成定义”（也称为“拉动条件”）。在看板方法中每步使用两列可能看起来多余，但它会使一切变得大不相同。

- 每个步骤“完成”列中的工作项将计入该步骤的在制品限制（最后一步除外）。请记住，吞吐量应该与最慢的步骤相匹配。因此，如果“实施”步骤耗时很长，就算“分析”步骤的两个工作项都已经完成了，也不能开始新的工作项。这是个很好的实践。你不应该让太多工作积压在“实施”这个步骤上，而应该帮助疏通它。有关详细信息，请参阅本章“常见问题”部分。
- 看板方法对于前一步骤的完成和后一步骤的开始是有所区分的。当然，这本来就是两件事。然而，在 Scrum 或其他每日站会上用到的展示板上，团队通常会在前一步骤完成后立即将工作项移动到下一步骤，从而无法区分出哪些是为下一步准备好的工作项，以及哪些是下一步正在进行的工作项。

- 将前一步骤的完成与下一步骤的开始分开，让步骤之间的界限很分明。不管下一步骤会是什么，这一做法都能让你空出手来为每个步骤定义完成的规则。

当步骤界限很分明的时候，团队需要为每个步骤定义“完成规则”。我强烈建议你和团队一起定义这个规则，并且团队的每个人都愿意承诺遵循这些定义。以下是我的另一个 Xbox 团队的示例（你可能已经注意到之前显示的展示板底部的规则）。

- **“分析”的完成规则**。所有工作项已经分解为可在不到一周的时间内完成的任务，并且每个工作项已经有简短说明。
- **“实施”的完成规则**。代码通过了代码评审和单元测试，并且通过了静态分析，代码已签入，验收测试通过，面向客户的文档已完成。
- **“验证”的完成规则**。工作已经部署到生产环境，并且大量真实的客户已经进行了试用，发现的所有问题都已解决。

这些标准中包含着一些最佳实践：

- 在第一个步骤中，即例子里的“分析”，通常包括将待办事项分解为类似大小的短期任务，每个任务都有自己的新记录卡（例如，游览迪士尼乐园可能被分解为游览冒险岛、边境岛、奇幻世界和明日世界）。“分析”这个步骤的在制品限制指的是原始的待办事项。分解后的短期任务可被视作此步骤下的有关联关系的组合。在离开此步骤时，短期任务被视为独立的工作项（每个短期任务都要计入“实施”步骤的在制品限制）。这样的分解确实会影响吞吐量，因此可能需要过一段时间调整在制品限制（参见本章“常见问题”部分）。
- 在将某一步骤的记录卡从左列向右列移动之前，团队成员应检查是否符合完成规则。正是这些商定的规则在每一步都保证了上游的质量，并且防止偷懒或粗心的团队成员没完成工作却得到表扬，需要责任心强的成员之后去完成和修复。规则仅在团队成员遵守并且各自负责时才有效。

- 在展示板底部写上规则，会提醒团队成员遵守这些规则，并且如果团队决定更改规则，也可以提供一个集中区域供团队讨论。

第 5 步：召开每日站会

现在你已经定义了完成标准，团队已准备好使用看板方法了。当有了一系列待办事项后，也不需要开计划会议了。没有里程碑，没有迭代，也没有回顾会议，只要有工作要做，看板方法就会持续流动。

当然，你仍然可以随时将团队聚集在一起进行设计评审、演示、客户评审，以及进行有关产品和流程改进的讨论。但是，通常使用看板方法，唯一需要的会议是团队在展示板前召开的每日站会。

任何成员都可以主持每日站会。我的团队的项目经理通常会主持每日站会，因为这可以帮助他们在 Xbox 在线跟踪工具更新进度。在每日站会上，一个必需的议程是询问是否有任何团队成员工作受阻或在其他方面需要帮助，然后指派人员（通常是项目经理）来解决问题。经验丰富的团队可以在 5 分钟内完成站会。

我的团队也喜欢使用每日站会来了解其他成员正在做什么，并且庆祝他们共同取得的进展。这会使会议时间稍长，却让团队建立了共同的自豪感和主人翁精神。

举一个站会的例子，假设团队只在站会期间移动记录卡（这不是最有效的过程，但最容易用来解释站会的过程），在实际工作中，只要满足了完成规则，并且移动后不违反在制品限制，任何团队成员都可以随时移动任何卡。

一开始，假设展示板看起来如图 2.6 所示。

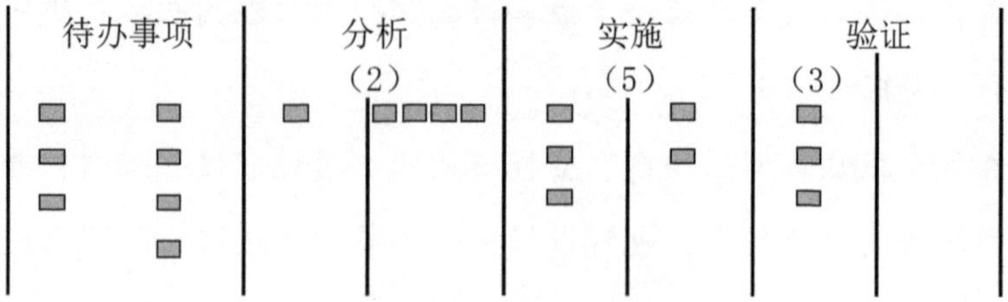

图 2.6　初始的展示板

在待办事项中有 7 个计划要做的工作项。在“分析”这个步骤，有一个工作项正在进行，另一个工作项已经完成了分析（它已分解为 4 个较小的工作项，在同一行一起展示）。在“实施”这个步骤，有 3 个工作项正在实施中，有 2 个工作项已经完成，等待着被验证。最后，在“验证”这个步骤，有 3 个工作项正在验证过程中。很有可能已经有一堆记录卡通过了验证（最后一步），但它们不计入最后一步的在制品限制。（我的一个 Xbox 团队把完成的卡片贴在正在休假的团队成员的办公室墙上，在他休假回来时给他一个惊喜。）

每日站会开始时，项目经理会从最后一步开始，清理完成的工作项，腾出空位，然后再向左行进。（由于在制品限制，只有在有空位的情况下，工作项才能向右移动。把卡片从左边拉向右边是使看板方法成为“拉动”系统的原因。）

项目经理指向最后一步——“验证”，问道：“有任何工作项已经完成了验证吗？”团队成员说已经有 2 个工作项完成了验证。其他团队成员通过诸如“有多少客户参与了验证过程？”等问题来检查工作项是否符合“验证”步骤的完成规则。当团队认为已经符合完成规则后，团队成员愉快地将这 2 个工作项移至最终的“完成”列（见图 2.7）。我们又给客户创造了价值！

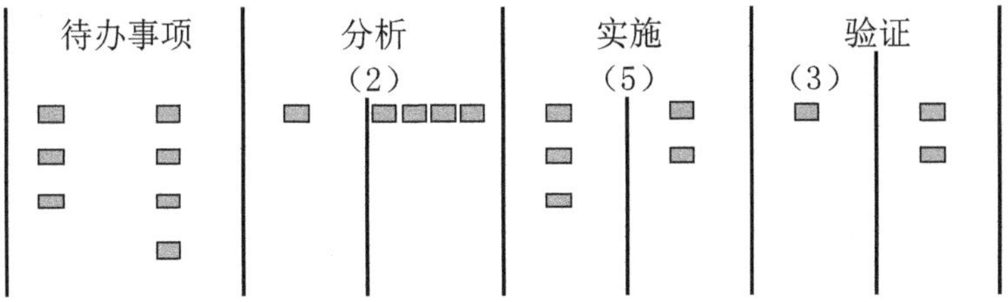

图 2.7　“验证”步骤后的展示板

由于完成的工作项不计入最终步骤的在制品限制，因此可以再验证 2 个工作项。团队成员从“实施”步骤的“完成”列中拉出两张卡片，决定谁将执行哪个工作项，然后把他们的名字写在他们选择的卡片上(见图 2.8)。

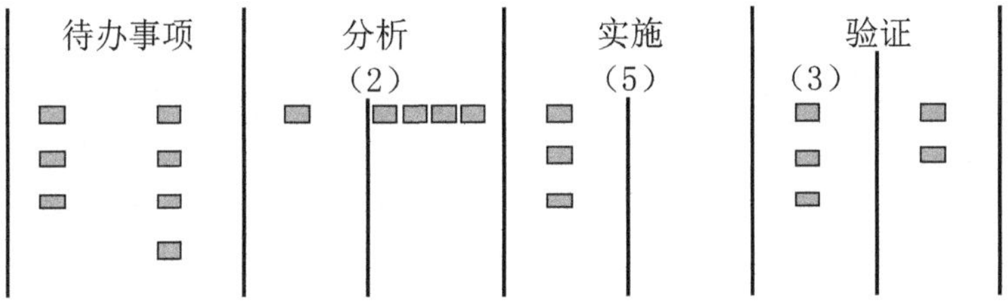

图 2.8　调整后的展示板（一）

关键要点

工作项分配要符合准时制（Just in Time），这可以避免阻塞。因为如果预先分配任务到人的话，被分配任务的团队成员可能在该任务可以开始时正忙于其他任务(本章的“常见问题”部分有更多详细信息)。

接下来，项目经理会询问是否有任何工作项已经完成实施。一个团队成员表示已完成一个工作项，另一个团队成员说：“对，我进行了代码审查，检查了单元测试和静态分析，面向客户的文档看起来很好，代码已经全部提交了。” 团队成员将完成的工作项移动到“实施”步骤的右列(见图 2.9)。

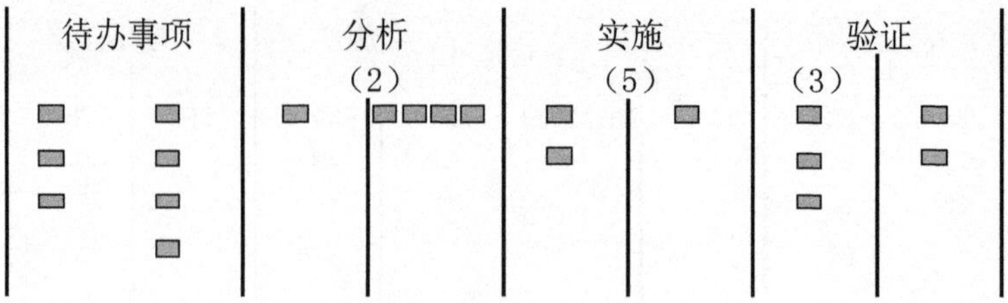

图 2.9 调整后的展示板（二）

仍然有 2 个空位可用于“实施”（因为 2 个工作项移动到了“验证”步骤），因此团队成员从“分析”步骤的“完成”列中拉出前 2 个工作项，确定谁将执行哪个工作项，然后在卡片上写下他们的名字（见图 2.10）。

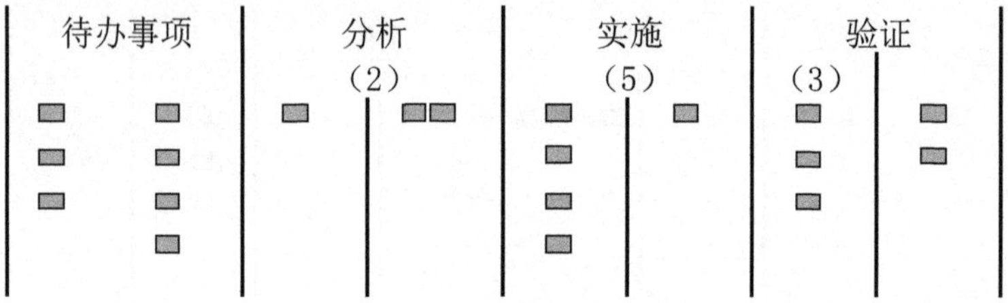

图 2.10 调整后的展示板（三）

现在，项目经理询问业务分析师他是否已经对手头上的一个工作项做好了分析。分析师感谢团队成员对分析结果的反馈，并且表示该工作项会分解为 3 个较小的任务，每个任务只需要几天就能完成。业务分析师添加了 3 张新卡（用于分解的任务，在同一行一起展现）（见图 2.11）。

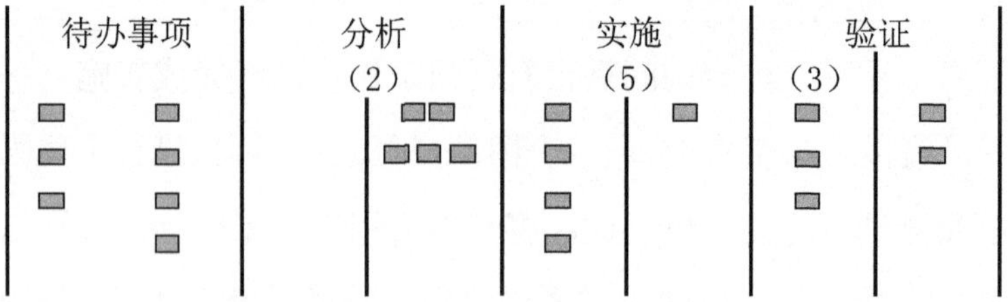

图 2.11 调整后的展示板（四）

业务分析师不会从待办事项的顶部取出另一个工作项，因为“分析”步骤已达到其在制品限制（2 个工作项，每个工作项已分解为等待实施的任务）。

项目经理询问是否有人要根据新的请求或需求来更改待办事项的排序。在进行简短的讨论后，团队添加了一个新工作项，并且交换了另 2 个工作项的位置（见图 2.12）。

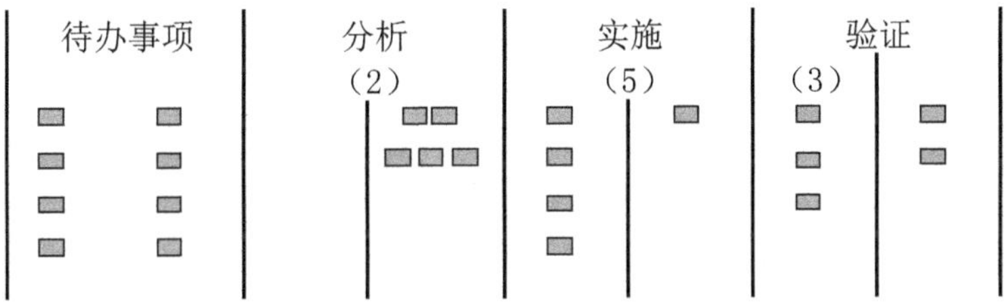

图 2.12　调整后的展示板（五）

最后，项目经理询问是否有人需要额外帮助。（请记住，这是每日站会时唯一需要询问的问题。我所描述的其他所有内容可以由任何团队成员在任何时候完成。）项目经理特别关注“实施”这个步骤，因为业务分析师无法开始新的工作，他得等着“实施”这个步骤完成更多工作。其中一名团队成员提到需要弄清楚一些事情，分析师说他可以提供帮助。

每日站会结束后，每个人都回去工作了。整个过程不到 15 分钟。项目经理留下来将项目的状态更新到组织的跟踪工具中，然后开始整理在站会中提出的问题。

常见问题

在示例中，每日站会进展顺利，只有一个问题（“实施”步骤需要帮助，因为分析师无法开始进行更多工作项的分析）。但是在现实中，各种各样的事情都可能发生，引发许多问题，本节会介绍各种常见问题和处理方式。我们先从示例中的那个问题开始："当某个中间步骤的所有工作项都完成了，并且该步骤已经达到其在制品限制的时候，应该怎么办？"

➘ 问题：因为某中间步骤的所有工作项都完成了而导致阻塞

在示例中，业务分析师被阻塞了。因为"分析"步骤的在制品限制为2个，他已经完成了2个工作项，但"实施"步骤尚未准备好接收它们（见图2.13）。

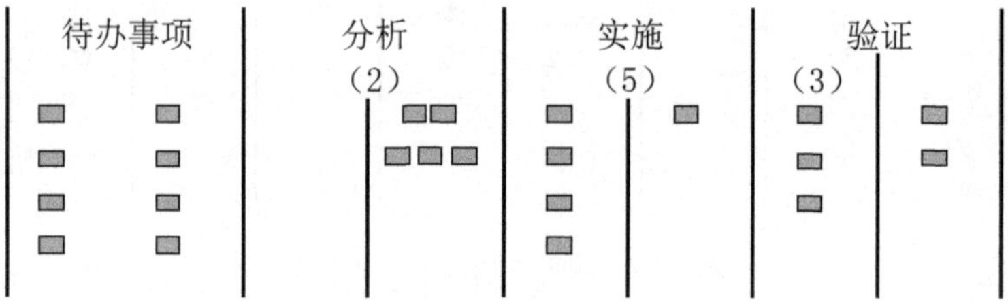

图2.13　阻塞情形的展示板（一）

任何步骤都会有同样的情形发生，除了最后一步（具有无限制的完成工作项列）。那么，业务分析师应该怎么做呢？

- 他可以从待办事项中拿出下一个工作项，开始分析这个工作项。但这样做没有用，这样做只是为团队增加了更多需要实施的工作，团队此时已经达到了"实施"的极限了。在没有帮助的情况下，团队不可能更快地有产出。是的，最终是需要为待办事项中的下一个工作项做分析，但这样做只是将问题暂时隐藏起来，无助于问题的解决，甚至可能在优先级变化时，多做的分析工作被舍弃掉。
- 业务分析师最好去帮助"实施"（下一个步骤）。他可以自己实施一些工作项，可以帮助解决设计或实施的问题，可以做一些研究或与合作伙伴合作，加快实施的速度。
- 如果分析师无法帮助实施，他仍然可以通过开展客户研究，进一步计划或研究使用新工具来提高工作产出。总有一些提高工作产出的工作是可以做的，不会对团队造成危害。

↘ 问题：因为前一步骤没有完成的工作项而导致阻塞

假设团队的展示板看起来如图 2.14 所示。

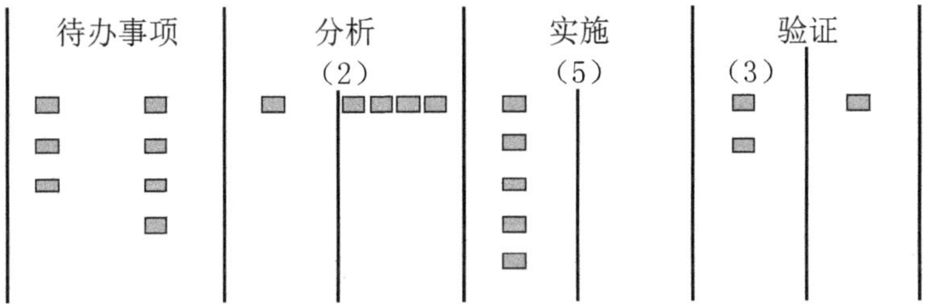

图 2.14　阻塞情形的展示板（二）

“验证”步骤已为新的工作项做好了准备（最后一步的“完成”列不计入其在制品限制）。但是，“实施”步骤并没有已经完成的工作项。执行“验证”步骤的测试人员被阻塞了。他们应该怎么做？

跟分析师一样，测试人员能做的最正确的事情就是帮助实施（前一个步骤）。他们可以实施一些工作项，帮助解决设计或实施的问题，或者与其他团队合作以加快实施速度。他们甚至可以为开发团队拿午餐，但凡有需要，任何事情都可以做。

如果测试人员无法帮助实施，那么他们仍然可以通过分析缺陷或分析使用的模型、进行实验或改进工具来提高效率。总有一些提高工作产出的工作是可以做的，不会对团队造成伤害。

↘ 问题：某一工作项在某一步骤异常耗时

虽然不同的步骤需要投入不同的时间和精力，但在理想情况下每个工作项在每个步骤花费的时间应该是相同的。这就是为什么在第一步中，大的工作项通常会被分解成更小的、大小相似的工作项。然而，总有例外存在，有时对于一个特定的工作项，某个步骤可能需要特别长的时间。

如果一个工作项在某个步骤花费了很长时间，团队成员应该看看发生了什么事情。

- 可能分配在该工作项上的人员受阻或需要帮助。
- 可能该工作项应进一步细分为更小的工作项。
- 可能还需要更多的设计工作。
- 可能分配在该工作项的人员不适当地扩大了该工作项的范围。
- 可能存在一些尚未解决的重大缺陷。

不管原因是什么，工作项都应该以一定的速度推进。无论问题是什么，团队都应该迅速解决。我将在本节后面详细介绍一些特定情况。

↘ 问题：经常被阻塞

如果团队成员或工作项似乎经常被阻塞，你的团队可能需要根据不同的问题采取对应的措施，如调整分析步骤、在制品限制、人员分配或其他变量。

如果因为工作项的大小差异很大而导致流经各步骤的速度不均衡，请确保在第一步（通常是“分析”或“分解”）中，将工作项分解为类似大小的任务。团队成员可以审查分解的工作项，以确保结果合理一致。

如果一个步骤经常要么满负荷，要么无事可做，将该步骤的在制品限制加 1 个（增加缓冲来应对变化）。

如果一个步骤进行得很缓慢，并且该步骤的前序步骤和后续步骤不断被阻塞，那么你可以尝试如下选择：

- 调查步骤进展缓慢的根本原因，然后加快速度。这可能意味着要将更多的人分配到缓慢的步骤，改进工具或规范，给成员配备更快的计算机，或者做些任何有助于解决问题的事情（有关详细信息请参阅第 9 章）。

- 对于缓慢步骤的前序步骤和后续步骤，将它们的在制品限制各减 1 个。这样做可以为一些团队成员腾出时间，他们应该被分配到缓慢的步骤或其他项目上（最少在制品限制为 1 个）。
- 如果分配到缓慢步骤的团队成员大部分时间处于空闲状态，请将缓慢步骤的在制品限制加 1 个。但是，在增加在制品限制之前，请确保在制品限制过少是问题的真正原因——增加在制品限制应该是最后的手段。

如果步骤能很快完成且似乎总是有填满的“完成”列，请将该步骤的在制品限制减 1 个（最少在制品限制为 1 个）。这样，分配到快速步骤的团队成员应该有额外的时间为其他项目提供产出。

↘ 问题：等待外部输入而造成工作项阻塞

因为需要等待外部的审核、依赖、问题、批准或来自团队外部的其他意见，工作项通常会在中途被阻塞。在我的 Xbox 团队，这种情况通常发生在“实施”步骤中。

为了解决这个问题，我们在“实施”步骤的中间添加了一个“跟踪”（Track）列（见图 2.15）。

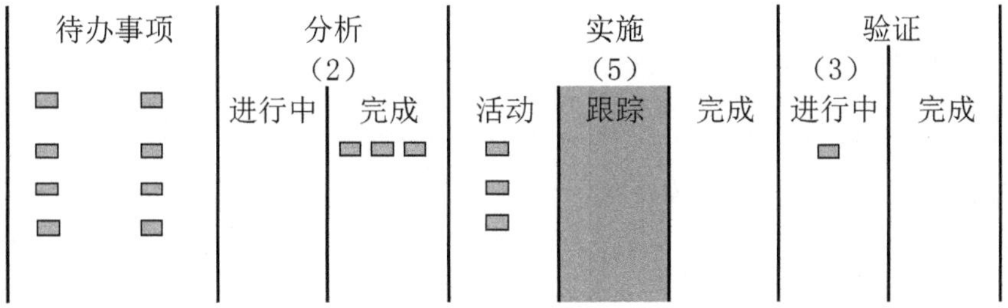

图 2.15　添加“跟踪”列后的展示板

当工作项因为等待外部输入而被阻塞时，它们将被移动到“跟踪”列里。“跟踪”列里的工作项是不计入该步骤在制品限制的。我们会在每日站会上讨论它们的状态。当“跟踪”列里的工作解除阻塞后，只要“进行中”列有空位，我们会尽快把它放过去。这里的逻辑是，已经在“实施”步骤中的任何工作项的优先级都高于“分析”步骤的工作项（我在第 7 章“在大型组织中应用看板方法”中讨论了处理延迟或不稳定的依赖关系的其他方法）。

有时候，某个工作项明显会被无限期地阻塞。在这种情况下，我们在展示板上专门开辟了一角来放置这些工作项，我们称这个区域为“停车场”。每隔几周，我们会检查“停车场”里的工作项的状态，但我们不会每天都检查。

↘ 问题：产品受开发缺陷影响

即使完善地定义了完成规则，软件开发也容易出现缺陷。通常，处理运维问题（故障单）或常见缺陷是例行工作的一部分，就像处理电子邮件和其他例行工作一样。它们所需的工作量已经计入用于确定在制品限制的平均工作率，所以不需要在展示板上进行跟踪（假设你已经使用在线系统跟踪缺陷和故障单）。

但是，有时处理某个特别的缺陷或操作问题所需的工作量与产品改进一样多，那么，就可以像管理其他工作项一样来管理这些问题。为这些问题分别创建记录卡，将其与剩余的待办事项一起排序，并将其插入适当的位置。像其他产品改进的工作一样，这些复杂的问题也需要经过“分析”“实施”和“验证”这样的步骤。

注意

如果你的团队所做的工作就是修复缺陷或处理故障单，那么看板方法对高效地管理待办缺陷或故障单非常不错。在这种情况下，每张记录卡都是一个缺陷或故障单，看板方法的步骤就是解决这些缺陷或故障单的步骤（更多详细信息，请参阅第 8 章“持续工程”）。

↘ 问题：需要设计的工作项

有时候，待办事项中的一个工作项非常复杂，分析师需要额外的时间来定义它的工作内容并将其分解。这通常会涉及一些用户体验设计、架构设计，可能还有实验设计（我最喜欢的设计工作方法称为场景聚焦工程，我将在第 9 章中详细介绍）。设计工作本身就是一项任务，因此你可以将设计工作列为展示板上的一个单独工作项。

在"分析"步骤，设计工作项被分解为较小的任务。这些任务的实施步骤即创作设计，验证步骤即评审并签字确认。在所有步骤完成后，你将获得一个完整的设计。之后你可以根据完成的设计，在待办事项中添加几个新工作项。

是的，把设计工作当作产品开发工作处理有点牵强。在理想情况下，你可以为设计工作使用一个单独的包含特定步骤的展示板。如果有一个独立的团队负责设计工作，或者你想用单独的泳道跟踪设计工作，你更应该如此（第 9 章中有更多详细信息）。但是，如果你只是偶尔进行设计工作，使用同一个展示板，实践证明也行得通。我们是看板方法的实用主义者，我们设法以最有效的方式、最高的质量为客户创造价值。如果这意味着偶尔要改变完成规则，以适应设计工作而不是产品开发工作，那就去做。

↘ 问题：重要评审、演示或会议临近

有时候，有些重要工作必须完成，这些工作不是设计工作，也不与产品相关，例如给高管评审做准备，为客户准备产品演示，准备一次峰会的演讲或其他一些重要的任务，你如何在展示板上标记这些时间呢？你可以采取与设计工作相同的方式——在待办事项列表中添加记录卡。灵活点儿，你可以为当前的工作定义特殊的完成规则，然后高质量地按时交付工作。别担心——假想的"看板警察"不会介意的。

↘ 问题：新工作、计划变更和需求更新

新工作随时会有，计划会变，需求可能更新。变化发生时，请执行以下操作：

- 为新工作项编写记录卡。
- 将待办事项重新排序，以适应优先级更改或新插入的工作项。
- 维持正在进行的工作项不变，但如果是需求更新，那么要编辑该工作项。

尽管工作项的优先级可能已经改变，但通常没有理由放弃正在进行的工作。新的最高优先级的工作不到一周的时间就可以开始，因为正在进行的工作数量有限，所以等待时间很短。

在极少数情况下，新工作项必须立即开始。你可以将正在进行的卡片移动到“跟踪”列，为新工作项腾出空位。

> **注意**
>
> 不需要特意召开计划会议为新工作项、计划变化或需求变更做解释说明。

↘ 问题：需要将某工作项分配给正在忙碌的某团队成员

有时候，因为专业知识或经验的原因，该工作项只有特定的团队成员才能做。如果该团队成员忙于其他项目或因为其他原因没有时间，有以下几个选择：

- 将工作项分配给其他人，并且让该团队成员审核和监督。这是在团队中共享知识并为首选团队成员培养后备力量的绝佳选择（你永远不希望某个人成为瓶颈）。
- 将该团队成员的当前工作重新分配给其他人。
- 将该工作项的记录卡移动到“跟踪”列，直到该团队成员有时间为止。

- 降低待办事项中该工作项的优先级。

↘ 问题：一些团队成员喜欢一次并行做多个工作项

如果限制每个团队成员手头的工作数量为一个，并且加上 50%的缓冲，那么成员基本上一次只会分配到一个工作项。一次处理一个工作项可以避免昂贵的工作切换，并且让注意力完全集中。如果工作停滞了，你可以去处理电子邮件或其他不重要的事情。

然而，有些人在处理一组相关工作时效率最高。从最小化正在进行中的工作数量的角度来看，这并不理想，但是对于有内聚力的团队来说，适应不同的工作类型非常重要。如果团队中有这样的人，请将此人负责的在制品限制增加 1~2 个（一次为他提供 2~3 个工作项）。这不是最佳的操作，只有当该成员的生产率明显受到较小的在制品限制影响时才应该使用。

↘ 问题：找不到时间来改进工具和自动化

客户、合作伙伴和管理层可能有很多需求，这些需求必须满足，团队很难空出时间来改进自己的工具和自动化。然而，正是这些基础设施的改进，使团队能够在更短的时间内以更高的质量完成更多的工作（就像使用看板方法一样）。

解决方案是将工具和自动化改进放在记录卡上，就像对待产品改进一样，并且在待办事项列表中和其他工作项一起排序。10 个工作项中应该有 1~2 个工作项是针对基础设施的改进的——毕竟，总有改进的空间。

↘ 问题：新成员加入团队

当新成员加入团队时，可能需要调整在制品限制。在理想情况下，这个人会被分配到最慢的步骤（增加其吞吐量）。如果是这样的，只须再次完成“第 3 步：为混乱设限”中描述的过程。如果新人被分配到其他步骤，他的组员将有空闲时间，这个时间可以用来帮助其他项目。记住，你不能比最慢的步骤更快。

↘ 问题：团队在站会期间进行了长时间的设计讨论

每日站会需要 5~15 分钟。有时，当处理新工作项或处理阻塞问题时，团队会进行设计讨论。如果只是简要概述倒也无妨，但如果时间长，就应该另找时间讨论。我的一些团队会提前在每天的站会后，预订一个一小时的会议室，以备设计讨论。他们不会每天都使用这个会议室，但是当他们需要进行设计讨论时可以直接使用。

↘ 问题：一些团队成员无法参加站会

有时团队成员不能参加每日站会，也许他们当天在家办公或正在出差。团队成员可以随时要求其他团队成员为其移动记录卡，他们还可以将他们的状态发送给项目经理，通过电话参加站会或使用在线会议。

如果你的团队成员相隔甚远，可以使用虚拟展示板并召开在线站会。

↘ 问题：团队过于关注流程细节

一些团队成员可能对流程充满热情。在他们努力做到纯粹，以“正确的方式”做事，或者只遵守他们所谓的“硬性规则”时，可能过度关注流程细节，而忽略了为客户提供高质量的价值。这些团队成员可能认为遵循规则和做法正是为客户提供高质量的价值所必需的。

遵循本书中的规则和指南对于刚开始使用看板方法的团队非常重要。但是，随着时间的推移，你的团队将内化这些方法、可视化其工作并限制在制品数量。团队成员会自然地涌向阻塞的步骤，并且避免同时处理多个工作项。在这一点上，灵活性是高效的重要部分。

你不希望在质量上妥协，但你应该相信团队会以最适合其构成和当前需求的方式运行。如果发现质量或效率大幅下降，你可以采用更严格的方法。

清单

以下是快速开始使用看板方法的行动清单：

- ☐ 记录团队的例行工作步骤。如果你不确定的话，可以从“分析”“实施”和“验证”这一系列步骤开始。
- ☐ 重新布置看板墙，展示板上应该包含一个“待办事项”列和一系列由 2 列组成的其他步骤。
- ☐ 为混乱设限，限制每个步骤能容纳的最多工作项（记录卡）数量。这被称为在制品限制。
- ☐ 定义完成规则，工作项（记录卡）从每个步骤的“进行中”列移动到“完成”列之前必须满足完成规则。
- ☐ 每天在设定的时间召开每日站会，重点关注阻碍工作的问题（卡片在列之间移动）。
- ☐ 根据需要，将团队当前的状态更新到组织的跟踪系统中。
- ☐ 根据需要，调整在制品限制和完成规则，以确保工作在展示板上顺利流动，最终被高质量地完成。
- ☐ 根据需要，可在实施步骤的“进行中”列和“完成”列之间添加“跟踪”列，以跟踪那些因为外部输入（如延迟或不稳定的依赖项）而被阻塞的工作项。
- ☐ 根据需要，添加新工作项（记录卡）并为待办事项中的工作项重新排序。

第 3 章 如期交付

看板这一简捷方法不仅可以为客户高效且高质量地交付价值，还提供了为按时、按预算交付价值所需的可预测的时间安排及人员配置数据。

看板通过约束在制品来提供可预测性——与用于控制混乱的技术相同。正如我在第 2 章“看板快速启动指南”中所描述的那样，经过仔细考虑在制品限制，团队可以快速响应变化并防止问题恶化，同时更顺利、持续、高效地向客户交付价值。

限制在制品还能控制团队规模（成本）并缩短周期时间（计划的工作项从“分析”到“验证”完成的时间）。缩短周期时间有利于提高质量、敏捷性和客户参与度。你可以准确测量吞吐量，从而准确估计完成日期。

以下部分将帮助你规划项目并配备团队人员：

- 填充待办事项列表。
- 确定最小可行产品（Minium Viable Product, MVP）。

- 为工作排序，包括技术债务。
- 估算特性和任务。
- 跟踪预计完成日期。
- 调整团队规模。
- 清单。

填充待办事项列表

如果特性团队（3~10 人）是更大团队的一部分，并且待办事项由内部合作伙伴或客户决定（如果是运维团队，那么也包括缺陷和工单），那么填充待办事项列表是很容易的。在这种情况下，只要为需要完成的每个特性、改进和工作项在记录卡上写一个描述性名称，然后将这些记录卡放在看板墙的“待办事项”列中［在后面的步骤里会将它们按照优先级整理到不同的堆组（bucket）中］。

如果团队自行决定待办事项，那么就需要进行产品规划。产品改进（给到团队的需求）来自两个方面：

- **客户**。可以从下面这些来源收集到一长串潜在的产品改进想法：通过监控学习到的客户使用模式、在线运行的实验、论坛收集到的反馈，以及从客户支持过程中得到的问题。在每个记录改进想法的卡片上写一个描述性的名称，然后将这些卡片放到“待办事项”列中。为了帮助以后排序和识别卡片，可以在卡片一角写上 U、X、F 或 S，分别表示它的来源：使用（Usage）、实验（eXperiment）、反馈（Feedback）和支持（Support）。
- **企业**。领导层很可能有很多关于如何改善业务的想法，即便在非营利组织中。团队、内部及外部合作伙伴都可能对新产品特性、新技术及需要修复的缺陷有一些想法。在记录每个想法的卡片上写一个描述性的名称，然后将这些卡片放在“待办事项”列中。为了帮助以后排序和识别卡片，你可以在卡片的一角写上 L、TF、PF 或 B，以分别表示其来源：领导层（Leadership）、团队特性（Team Feature）、合作伙伴特性（Partner Feature）和缺陷（Bug）。

到目前为止，你的“待办事项”列里应该已经有太多记录卡了。接下来的几个步骤将帮助你对它们进行排序。

Xbox 内部实践

我的一些 Xbox 团队是更大团队的一部分，它们高层级的特性列表基本上是由产品级别的规划决定的。但是，我的团队会在其待办事项中添加设计细节、缺陷、基础架构改进和特定支持问题。

特性的排序是在季度规划日与我们的伙伴团队一起确定的。

- 首先我们把每个团队悬而未决的、已经被搁置几个月的高层级特性贴在墙上。
- 然后，团队依次浏览整面墙上的内容，以检查由于依赖关系造成的时序问题，或者询问每个月能真正完成多少特性（考虑到假期、事件和其他问题）。
- 接下来是“速配”。每个团队都可以在 15 分钟内与其他团队会面，讨论冲突和排序。我们通常会经历 3~5 轮速配，才能解决所有冲突。
- 最后，在全体团队同意该计划（如果没有人表达反对）之前，我们有最后一次机会审核墙上更新后的内容。

计划就绪后，这些特性按顺序转移到团队待办事项列表中。高层级特性在“分析”步骤被分解为多个任务，并且工作很快就可以变为生产就绪[1]了。

我的一些 Xbox 团队是作为独立的服务团队工作的。我们从客户和合作伙伴的要求、领导者的要求及团队的改进意见中制定待办事项列表，不需要与其他团队进行太多的协调工作。

我在第 7 章“在大型组织中应用看板方法”中提供了关于这些经验的更多细节。

确定最小可行产品（MVP）

如果你管理的是一个持续部署的服务或一个运维团队，可以跳过本节，你所需要做的就是为收到的工作排序。在其他情况下，你可能需要参与到产品发布（第一次发布或更新发布）中，并且需要确定 MVP。

为了对待办事项进行排序，MVP 是待办事项中必须在发布之前完成的工作项（记录卡）集合。也就是说，无论对收入或市场的影响如何，如果这些工作项不完整，你将延迟或取消产品发布（关于确定 MVP 的详细信息可以从网上和各种渠道找到）。

如果我们坦诚地面对自己和领导层，我们就会承认组成 MVP 的工作项在全部待办事项中只占很小的比例。有些特性应该具备（should have），有些特性最好具备（like to have），有些特性则不那么重要。这些都不应该出现在 MVP 里。MVP 只包含那些必须具备（must have）的特性。通常，MVP 产品是客户在试用你的产品之前所期望的基本功能，加上足够的差异化，来决定你的新版本是否值得使用。

① 指可以随时发布到生产环境。——译者注

小贴士

定义一个真正的 MVP 意味着只考虑放入绝对必要的特性。这是一个使你能够按期交付的最佳办法，也能避免未实现的设计规范、不完整的和未经测试的特性，以及未使用的测试。你要确保在截止日期前完成，因为 MVP 通常只是待办事项列表的一小部分。然而一旦 MVP 完成了，你就有了一个可以发布的产品。你也要确保避免不完整的工作，因为你在 MVP 事项上做的所有工作都是必不可少的，不会被弃用（相比之下，导致产品延期的最佳方法之一是将关键工作留到最后）。

确定 MVP 的一个简单、快速和有效的方法是与团队、团队领导层及一些具有代表性的客户和合作伙伴进行分组和归类练习。大家聚集在一个房间里，把待办事项里的卡片分类。排序可以在一块大白板或软木板上进行，或者就在一张大桌子上完成。整个区域被分成 4 个组，所有的工作项会被分入这些组：

- 必须有（Must have）——MVP，有时被称为“pri 0”。
- 应该有（Should have）——pri 1。
- 最好有（Like to have）——pri 2。
- 好想法（Nice ideas）——pri 3。

在排序时，你会注意到有工作相关性的卡片会自然叠放在一起（聚类）。将聚类的卡片放在一起（使用胶带、大头针、回形针或其他方式）非常有用，甚至可以使用新的高层级卡片为该聚类命名。相关的工作项有时也会被分到不同的组。

当然，人们会对把卡片分到哪个组产生分歧。和房间里的每个人一起，讨论有争议的工作项，对工作和它的重要性有一个共同的理解，然后将它明确归类。一个工作项的优先级越高，就越应该仔细地审视它。特别是，应该经常质疑 MVP 里的工作项："我们真的愿意为实现它而推迟发布吗?"

当排序会议结束时（通常需要 2~4 小时），你将对下一个版本有一个清晰的定义。它将包含所有 MVP 工作项、许多 pri 1 工作项，以及一些简单的、与高优先级项目密切相关的 pri 2 和 pri3 工作项。下一步，按照顺序将这些工作项放入待办事项列表中。

为工作排序，包括技术债务

现在，你已经将待办事项列表中的工作项按优先级进行了排序（运维团队通常根据明确定义的规则，每天或在创建时将缺陷和工单分配在不同的优先级组里）。这些工作项应该是从客户使用情况、实验、反馈和客户支持中获得的改进想法的组合，来自业务领导层、团队成员和合作伙伴对特性和技术的要求，以及各种技术债务。

> **注意**
>
> 技术债务指的是未解决的缺陷、需要重构的遗留代码、需要升级的工具，以及需要重新设计的组件。基本上，技术债务就是已被推迟的质量改进工作。它被称为债务，是因为累积的时间越长，解决它的成本就越高（就像金融债务一样）。

在待办事项列表中对这些卡片进行排序是一项团队活动。领导层、内部和外部合作伙伴及客户将帮助你把卡片按优先级顺序放入大的组别中，但是日常执行属于团队。

一旦你的团队熟悉了排序方法，团队成员可以根据需要在任何时候按优先级的组自己完成排序。为了获得初步的经验，请将团队召集到展示板周围，根据以下规则一起对待办事项列表里的工作项进行排序：

- 你不想淹没你的展示板及待办事项列表空间，可以把卡片堆叠成 4 摞放在展示板旁。
- 团队成员将所有 pri 0 组里的工作项（MVP）放置到展示板的待办事项列表里。
- 同一组的相关工作项应保持在一起，按照执行的自然顺序排序。
- 把可以立即开始的工作项（不依赖其他工作）排在最前，紧随其后的是可以很快完成的，以此类推。
- 在排入所有 pri 0 工作项后，如果待办事项列表区仍有空间，把 pri 1 工作项按照同样的规则放入。
- pri 1[①]或更低级别的暂时无法放入待办事项列表的工作项，把它们按组置于展示板周围。你可以使用这些组，按序、不时地填充进待办事项列表。

请注意，实际上只有相对较少的卡片被排序——毕竟，展示板上的待办事项列表区域并没有那么大。这是有意为之的，因为市场、客户和合作伙伴的需求及领导层意向经常发生变化，工作的顺序可能非常不稳定。严格地只安排足够团队开始工作的工作项，其余的卡片仍然放在各类组里。

小贴士

在对卡片排序之后，因为有未完成的依赖项，有可能没有 pri 0 工作项可以立即开始。如果发生这种情况，这些工作项将自然地被移动到“实施”后面的“跟踪”（Track）列。现在 pri 1 工作项将得到关注，直到 pri 0 工作项解除阻碍。最好，你的团队可以将依赖的工作项移到展示板上，这样你自己就可以解除因依赖带来的阻碍。有关“跟踪”列的更多信息（含一个图表），请参阅第 2 章的“常见问题”小节中的“等待外部输入而造成工作项阻塞”内容。

① 原文为 pri 0，根据上下文应为笔误。——译者注

有了填充好的待办事项列表，团队就可以按照“看板快速启动指南”（第 2 章）来管理工作。如果领导和合作伙伴想知道什么时候完成，或者你需要调整你的团队规模以便按期完成，那么请继续阅读下一小节。

估算特性和任务

对于不完全符合物理学定律的未来事件进行预测是一项不确定的工作。然而，你的领导层、客户、内部和外部合作伙伴可能需要知道何时会得到某些结果。特别是：

- **工作项何时开始以及何时完工？**这是内部和外部合作伙伴的常见要求，他们依赖你的团队并必须根据工作完成情况制订相应计划。
- **重大产品发布什么时候会完成？**这是领导层、产品策划者和市场营销者的共同要求，他们需要根据时间点和产品特性集为市场设置适当预期。

小贴士

如果你的领导层、客户或合作伙伴没有提出这些问题，那么就不需要估算特性和任务，也不需要跟踪预期的完成日期，你可以跳过本章剩下的部分。但如果他们问这些问题，估算就是必要的。

工作项的大小各不相同，因此很难预测某个特定的工作项将花费多长时间，更不用说整个待办事项了。然而，“看板快速启动指南”中的“分析”步骤将大小不同的工作分解成小的、规模相仿的工作项（通常每项需要 1~5 天完成）。为了清楚起见，我将这些较小的工作项称为任务。

完成任务所需的时间比更大、更多样的原始工作项更容易预测。因此，估算工作包括以下步骤：

- **估算完成工作项所需的任务数量**。我建议使用宽带德尔菲法（Wideband Delphi），它利用迭代和达成共识来提供准确的估算。我最喜欢的一种方法是宽带德尔菲法的简化形式，称作“计划扑克”（Planning Poker）。使用计划扑克估算时，团队成员围坐在一张桌子（或在线消息室）旁，每个团队成员各自估算完成工作项所需的任务数量。他们可以把估值写在一张纸上或使用事先打印好的计划扑克牌（计划扑克牌的设计通常遵循几何或斐波那契数列）。所有人同时出示他们的估值扑克牌，这样避免了估算受到他人影响。如果估值一致，估算就完成了（将估值写在工作项记录卡上）。如果估值不同，那么估值高和低的人解释其原因，之后团队成员讨论他们的想法，然后重复上述过程，直到估值结果一致。这个过程也会识别出不同的假设，避免了由此引发的问题。
- **计算任务完成速率**。列出在任意 2~4 周的时间内完成了最后一步的所有任务数量，然后除以天数（对于完成每个任务平均需要 3 天左右的团队，2~4 周应该足够了）。注意，任务完成速率不是完成任务所需的平均时间（任务的周期时间）的倒数。这是因为任务完成速率包含了所有团队成员和所有步骤（包括“分析”步骤，该步骤将各种工作分解为大小相似的任务）。
- **让领导层、客户、内部和外部合作伙伴知道何时有期待的可交付结果**。可以使用表 3.1 中列出相应的公式来进行估算（进行中的任务指的是正在进行但尚未完成最后一步的任务，包括“跟踪”列中的任务）。

表 3.1　估算完成时间

问　题	估算（天数）
某工作项将在多长时间内得到处理并完成?	（进行中的任务数量+该工作项及其前序所有工作项的任务数估算）/ 任务完成速率

续表

问　题	估算（天数）
重要的产品发布将何时完成?	（进行中的任务数量 + MVP 里所有工作项的任务数估算）/ 任务完成速率

请注意：

- 产品发布估算适用于估算最小可行产品（MVP）的完成，而不应该用于任何 pri 1 或 pri 2 工作项。这是因为在 MVP 里的工作项完成后，根据定义就应该能够发布产品。一定要向感兴趣的领导层、客户和合作伙伴强调这一事实，重申哪些特性构成了 MVP。他们可能想要添加更多的内容，并且让你更新估算。
- 团队成员将工作项的估算任务数量（写在记录卡上）与该工作项分析后的实际任务数量进行比较是很有帮助的。随着时间的推移，团队应该在估算方面做得更好。
- 我列出的用于估算特性和任务的步骤快速、简单且相当准确。将更多时间花在估算上并不会带来更高的准确性，但会占用向客户交付价值的时间。
- 使用估算公式（待处理任务除以任务完成速率）计算出的时间通常被称为“前置时间”（Lead Time）。这一概念来源于利特尔定律（Little’s Law）。该定律指出，系统中正在进行的工作（待处理任务）等于系统平均吞吐量（任务完成速率）乘以系统响应时间（前置时间）。可以在第 9 章“更多资源及其他”中阅读更多关于利特尔定律的信息。
- 这些估算都没有考虑由于依赖关系或计划更改而导致的严重延迟。这将在本章的下一节中讨论。

Xbox 内部实践

当我的团队第一次从 Scrum 切换到看板时，我们使用“故事点”（Story Points）进行估算。故事点是团队特有的衡量尺度。团队估计每个工作项包含多少故事点（使用计划扑克），然后跟踪在特定的时间段内可以完成多少故事点（通常是 1~4 周的 Scrum 迭代）。

在使用看板一两个月后，很明显，分解的任务大小大致相同，花费的时间也大致相同（相同的故事点数）。因此，估算任务实现了与估算故事点相同的目的，但是对于领导（以及一些团队成员）来说，任务似乎更加具体。

我目前的团队很少做估算。起初我们需要做估算，因为我们的客户和合作伙伴要求这样做。几个月后，我们不断创造价值并始终如一地与客户和合作伙伴建立信任。他们知道我们会可靠地交付，所以只在极少数情况下才会要求估算。当然在这种情况下，我们仍然按照本章描述的方法提供估算。

跟踪预计完成日期

前述估算方法没有计入由于依赖和计划变更而可能导致的重大延迟。此外，任务完成速率逐步变化，任务估算也在不断改善。如果领导层、客户或合作伙伴希望定期更新关于工作项完成或产品发布完成的预期，那么需要定期调整估算以适应不断变化的条件。

有 3 个数值需要跟踪（前一节中提到的 2 个数值和 1 个新数值）：

- **任务完成速率（Task Completion Rate，TCR）**。可以按照移动平均值或每月更新后的数值来统计 TCR（每天完成的任务数）。这样做有助于把延迟和团队动态的变化考虑进去。

- **当前任务量估算（Current Task Estimate，CTE）**。这是进行中的任务和待处理任务（包括“跟踪”列中的任务）的总数。CTE 对于估算更新至关重要，因为它显示了剩余的工作。
- **任务添加速率（Task Add Rate，TAR）**。上一节没有用到这个数值，因为这一数值度量的是计划的变更，而非初始估值。TAR 的计算是从月末的任务总数减去月初的任务总数（待处理的、进行中的和已完成的），然后除以总天数。TAR 显示了由于计划变更和特性膨胀（Feature Bloat）而造成的每天添加的任务数（如果值为负，则为任务减少数）。

这 3 个值在看板中很容易获得（只须计算展示板上的卡片数和估计值）。有几点说明：

- 在我的团队里，这些数值计入了周末时间，因为人们有时会在周末工作。只要任务完成速率（TCR）和任务添加速率（TAR）的计算方法保持一致，也可以只包含工作日。
- 我选择一个月作为常规间隔，也可以使用更少或更多天，只要保持一致就可以了。
- 当前任务量估算（CTE）中的待处理任务通常就是待处理的 MVP 任务，也可以是领导层、客户或合作伙伴感兴趣的任何任务的一个集合。

有了任务完成速率（TCR）、当前任务量估算（CTE）和任务添加速率（TAR）的数值，就可以计算团队完成当前任务集的总天数。它等于 CTE /（TCR−TAR）。为了理解其中的原理，这里给出了一个累积流图示例（见图 3.1）。这是一个柱状图，显示了一段时间内待处理的、进行中的和完成的任务数量。

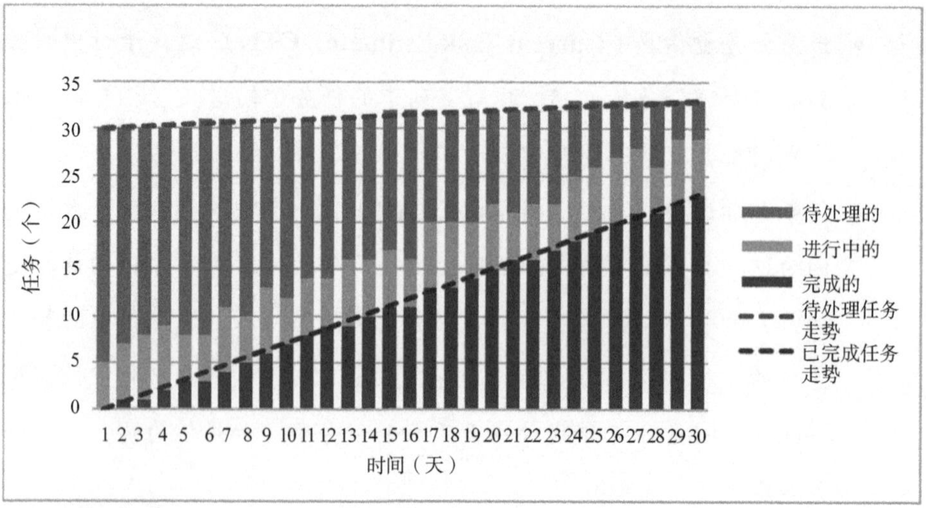

图 3.1　累积流图

当前任务量估算（CTE）是最上面的柱形和中间柱形的高度之和（分别代表待处理任务和进行中的任务）的组合。任务添加速率（TAR）是顶部直线的斜率，任务完成速率（TCR）是中间直线的斜率。当前任务集完成的日期是这两条直线相交的点。图 3.1 的数值显示在图 3.2 的工作表中（你可以下载附有公式的 Excel 表格，详情请参阅本书的前言）。

预计完成日期			在黄色高亮区域填写数值
基本版本，如果已经计算出CTE，TAR和TCR，请使用这个表格			
当前任务量估算 (CTE)	任务添加速率 (TAR)	任务完成速率 (TCR)	距完成剩余天数 (CTE / (TCR – TAR)
30	0.10	0.76	45

图 3.2　由各数值形成的工作表

工作表的计算表明，最初的 30 个任务将在项目开始后的第 45 天完成（在图 3.1 的最后一天的 2 周后多一点儿）。你可以通过将 30 替换为任何一天的待处理任务和进行中的任务数之和来估算该天任务全部完成所需的剩余天数。如果任务添加速率（TAR）和任务完成速率（TCR）没有显著变化，实际完成日期将大致相同。

> **小贴士**
>
> 如果你的任务添加速率（TAR）大于任务完成速率（TCR），你将永远不会完成工作。对于严格审查下的范围比较固定的项目，定期跟踪当前任务量估算、任务添加速率、任务完成速率及预计完成日期很有帮助，它们形成了一个令人信服的论据，可以保持项目范围在控制之中。

调整团队规模

计算完项目的预计完成日期后，你的领导层、客户或合作伙伴可能有一些要求：

- 也许你管理的是一个持续部署的服务或一个运维团队，而发布日期并不重要——你的发布是不间断的。但是，领导层希望调整你的团队规模以适配收到需求的速率。你应该配置多少人？
- 也许计算出来的预计完成日期早于要求的日期。领导层可能简单地要求团队在分配的时间内完成尽可能多的 pri 1 和 pri 2 工作，也可能决定将一些团队成员重新分配给其他有需要的项目。你应该保留多少人以便能够按时完成项目？
- 更严重的问题是预计完成日期可能晚于要求的日期。领导层可能要求你的团队在周末加班，但这是不可持续的，并且会导致团队疲惫，以及在没有时间思考的情况下，产生糟糕的设计和降低质量。领导层也可以从最小可行产品（MVP）中减少特性（在这种情况下，它实际上不是最小的），但是，领导层通常会考虑在项目上投入更多资源。你需要多少人才能按时完成项目？

在我展示一些调整团队规模的计算方法之前，有几个重要的考虑因素：

- 以下计算假设团队产出随团队规模线性增长。然而，正如 Frederick P. Brooks Jr.在《人月神话》（*The Mythical Man-Month，1995*）中所指出的那样，团队内的沟通随团队规模呈几何级数增长。因此不要期待将团队规模翻倍，吞吐量也会随之翻倍。看板方法关注顺畅的工作流、可视化的工作和最少的会议，这极大地减少了团队内的沟通对生产力的影响，但是你仍然需要考虑到大的团队带来的变化。如果下面的计算结果要求团队的规模增加 2 倍或 3 倍，请考虑将项目重构为几个小团队，这些小团队通过共享的架构和定义好的接口协同工作。
- 向团队添加新成员总会在加速之前先减慢速度。新团队成员需要一些时间来学习如何提高效率，经验丰富的团队成员要花时间解答他们的问题并帮助他们适应环境。因此，增加人员应该在项目的开始或中间，而不应在项目后期（在项目后期，你能做的是推迟发布日期或减少功能）。

可以通过以下 2 种方式计算所需的特性团队规模：

- 如果团队还没有当前任务量估算（CTE）、任务添加速率（TAR）和任务完成速率（TCR），那么使用基本方法。基本方法需要“看板快速启动指南”（第 2 章）中用于确定初始在制品限制相同的基本数据。
- 在团队获得有关当前任务量估算（CTE）、任务添加速率（TAR）和任务完成速率（TCR）的详细数据之后，使用高级方法，如前面“跟踪预计完成日期”一节中所述。

基本方法

让我们从基本方法开始。例如，你正在组建一个团队，该团队有 4 个月的时间来发布 25 项新的产品特性改进（下面的所有公式和表格都提供可下载的 Excel 版本）（见图 3.3）。

确定团队规模		在黄色高亮区域填写数值		
基本方法，适用于没有CTE，TAR和TCR的团队				
待处理工作项	每个月的天数	计划开始日期	计划完成日期	月
25	30	2014/6/1	2014/10/1	4.07

图 3.3　基本数据

请注意，每个月按照 30 天算，因此计算（参见 E 列）出完成时间为 4.07 个月。如果你管理一个持续部署服务或一个运维团队，并且只想调整团队规模以适应收到需求的速率，那么输入每月的需求数作为待处理工作项的数值，并且使用一个典型月份的开始和结束日期。

接下来，假设我们有一个与“看板快速启动指南”（第 2 章）中的示例相仿的团队，图 3.4 显示了如何计算团队规模。

步骤	分析	实施	验证
A：每人每月的平均速率	6	2	3
B：最慢速率（A的最小值）		2	
C：步骤B所需人数估算（工作项数量/月份数/B）		3.07	
D：步骤B的吞吐量（B * C）		6.15	
E：匹配步骤B吞吐量所需人数（D/A）	1.02	3.07	2.05
F：WIP限制（E * 1½四舍五入（上舍入））	2	5	4

图 3.4　计算团队规模

在图 3.4 中，

A　平均而言，每个分析师每月可以分析大约 6 个工作项，每个开发人员每月可以实施大约 2 个工作项，每个测试人员每月可以验证大约 3 个工作项（可以通过更改每月的天数来缩短时间范围）。

B 实施是最慢的一环（每人每月 2 个）。

C 我们想要估算在 4.07 个月内实施 25 个工作项所需的开发人员数量。由于开发人员每月可以实施 2 个工作项，所以需要开发人员 25 / 4.07 / 2 = 3.07（个）。

D 吞吐量为 2×3.07 = 6.15（个/月）（额外的 1/100 是 Excel 以更高的精度存储所有数值的结果）。

E 将吞吐量除以每个步骤的平均速率，可以得到每个步骤所需的人数（1.02 个分析人员、3.07 个开发人员和 2.05 个测试人员）。

F "看板快速启动指南"（第 2 章）展示了如何计算在制品限制，方法是向人员总数添加 50%的储备并四舍五入（2 表示"分析"，5 表示"实施"，4 表示"验证"）。

在"看板快速启动指南"中，工作表中的在制品限制是初始值。应该调整这些限制，以最大限度地提高团队的产出和敏捷性。查看"看板快速启动指南"的"常见问题"部分，了解何时以及如何调整在制品限制，以获得最佳结果。

人员数也是近似的初始值，这就是保留了小数位的原因。一旦组建了团队并开始工作，你就可以跟踪预计完成日期，并且根据需要对团队进行微调。

高级方法

基本方法使用每人每步骤的平均工作速率来计算必要的团队规模。正如我在本章的估算部分所介绍的，工作项大小变化非常大。通过将工作项分解为任务并测量实际任务完成速率，可以获得更好的估算。

如果你有当前任务量估算（CTE）、任务添加速率（TAR）和任务完成速率（TCR），如"跟踪预计完成日期"部分所述，你可以更有自信地得出正确的团队规模（见图 3.5）。

高级方法，适用于已有CTE，TAR和TCR的团队							
当前任务量估算 (CTE)	任务添加速率 (TAR)	任务完成速率 (TCR)	距完成剩余天数 (CTE / (TCR – TAR))	计划开始日期	计划完成日期	天	估算天数/ 期望完成天数
100	0.10	0.76	152	2014/6/1	2014/10/1	122	1.24

图 3.5　用于估算的数据

为了与基本方法做比较，我将当前任务量估算值设为 100（每个工作项拆分为 4 个任务），使用上一节中的任务添加速率和任务完成速率，并且使用与示例相同的 4.07 个月（122 天）。我在表中用天而不是月做单位，是因为任务添加速率和任务完成速率是以天来度量的。

完成 100 个任务所需的估计天数是 152 天，但是可用的天数为 122 天。估算天数与期望完成天数之比是 152 / 122 = 1.24，这是我们需要的团队成员的倍数。

在这个例子中（见图 3.6）：

步骤	分析	实施	验证
A：当前WIP限制	2	5	3
B：当前团队人数 （A ÷ 1½ 四舍五入（下舍入））	1	3	2
C：估算所需人数 （B * 估算天数/ 期望完成天数）	1.24	3.73	2.48
D：估算WIP限制 （C * 1½ 四舍五入（上舍入））	2	6	4

图 3.6　估算结果

A　我们控制流动的在制品限制，而不依赖指派的当前团队人数，因为团队成员可能并非全职工作在我们的项目上，没法达成 0.76 的任务完成速率。

B　我们把这个限制除以 1.5，向下舍入来确定每天完成 0.76 个任务的人数（这是获得在制品限制的逆算法）。

C　然后再乘以 1.24，即估算天数和期望完成天数之间的比率。这样就得到了在 122 天内完成 100 个任务所需的人数。

D 在这些人员总数的基础上增加 50%并向上舍入，可以得到每个步骤的在制品限制（“分析”为 2，“实施”为 6，“验证”为 4）。

请注意，在制品限制和人员估算在高级方法和基本方法之间有所不同。原因有二：

- 假设每个工作项有 4 个任务，则基本方法中的吞吐量（Throughput）为 6.15×4=24.6（个/月），任务完成速率为 24.6 / 30=0.82（个/天）。这比我们在高级方法中使用的每天 0.76 个任务略高。
- 基本方法不考虑任务添加速率（每天 0.1 个任务）。在 122 天的时间里，有 12.2 个额外的任务需要完成。

与基本方法一样，通过高级方法得出的在制品限制和人员数只是初始值。当团队实际开展工作并获得真实反馈数据后，应适时调整它们。

由于看板持续提供项目的最新数据，因此可以很容易调整估算、在制品限制和团队规模，以做到如期交付。随着时间的推移，向客户交付价值变得非常可预测，估算变得很简单，计划的准确性也越来越不成为问题。

清单

以下是确保如期交付的检查清单：

- ☐ 从客户和企业中收集产品改进的想法，在每张卡片上为每个想法添加描述性名称，用一个字母来表示想法的来源（有助于排序和识别卡片）。
- ☐ 把卡片分别放入 4 个组中的一个：“必须有”，没有就无法发布（pri 0:）、“应该有”（pri 1）、“最好有”（pri 2）和“好想法”（pri 3）。
- ☐ 为展示板上待办事项列表中卡片的一个子集排序，子集中的首选卡片来自最小可行产品（MVP），然后根据需要纳入关联卡片，或者次优先级卡片。

- ❑ 如有需要，让领导层、客户及内部和外部合作伙伴知道何时可以交付。
  - 估算完成工作所需的任务数量，最好使用宽带德尔菲法，如计划扑克。
  - 计算任务完成速率(将任何 2~4 周内最终步骤完成的任务数除以该时间段内的天数)。
  - 报告预计完成日期，可将任务总数除以任务完成速率，然后自当前日期开始增加相应天数。
- ❑ 根据需要，向领导层、客户或合作伙伴报告预计完成日期。
  - 计算任务完成速率（TCR）、当前任务量估算（CTE）和任务添加速率（TAR）。
  - 根据 CTE /(TCR–TAR)的结果及当前日期,计算预计完成日期。
- ❑ 根据需要，使用以下 2 种方法之一，来调整团队规模以按时完成项目。
  - 使用基本方法来计算每个步骤所需的人数,该方法基于每个步骤每人每月的平均工作项完成速率。
  - 根据任务完成速率（TCR）、当前任务量估算（CTE）和任务添加速率（TAR），使用高级方法计算每个步骤所需的人员数量。

第 4 章

从瀑布式方法演进

本章是为目前使用传统瀑布式方法进行产品开发的用户准备的。如果你的团队使用 Scrum，可以忽略这一章，直接跳到下一章“从 Scrum 演进”。

看板方法结构简单，使用通用术语，各类用户都可以使用，而不会遇到很大的麻烦或需要长时间的解释。和任何新方法一样，适应看板需要几个星期的时间，掌握它需要几个月的时间。尽管如此，即使你在几十年前就学会了产品开发，你也可以很快开始使用看板方法，并且感受到它的高效。几个月后，生产率、质量、可预测性和敏捷性的提高对于领导层和团队来说是显而易见的。

当我谈到“传统瀑布式”时，我指的是在跨越几个月的里程碑过程中，编写规范、实施特性和大量验证（同时执行许多特性）的实践方法。我在微软、波音和其他工作过的地方都经历过各种各样的瀑布模式。

本章将帮助你在没有太多困难的情况下将传统瀑布式方法的变体应用于看板。我编写了"开诚布公的问答"这一节，其中包含了一些直率的团队成员可能问的问题，并且提供了实用的回答。目的在于使团队成员安心，建立对新方法的信任，并且明确解释如何使用看板方法来取得更好的结果。

本章包含以下主题：

- 将看板方法引入瀑布式团队。
- 在特性团队中应用看板方法。
- 在开发新特性之前完成现有特性。
- 定义规范和处理缺陷。
- 让客户参与。
- 庆祝绩效改进。
- 开诚布公的问答。
- 清单。

将看板方法引入瀑布式团队

传统的瀑布式开发团队中可能有从事产品开发数十年的成员。他们的工作习惯很早就形成了，并且多年来使项目运转良好。虽然他们最初构建的产品可能有很多缺陷，但是传统的瀑布式开发团队的成员知道如何在最终阶段稳定产品，解决缺陷，并且以可接受的质量在相当接近预定日期之前发布。

然而，由于产品开发的时间越来越短，预留长时间的稳定期不再可行，传统的瀑布式开发团队可能被迫变得"敏捷"。这可能让团队成员对变化感到不舒服，而且鉴于过去取得的成就，他们会感觉没有被尊重。

为了让一个传统的瀑布式团队接受看板方法，需要解释为什么这一变化是必要的，利用团队成员宝贵的瀑布式经验，对他们熟悉的工作方法做轻微调整，以促成顺畅的工作流和高效的工作节奏。一旦团队掌握了看板方法，就可以选择进一步改进，对其进行更多的调整，但应用看板的起点可以让人感到熟悉且清楚明了。

要想理解为什么对传统的瀑布式方法进行调整是必要的，就需要了解传统的瀑布式方法的缺陷。

- 当传统的瀑布式开发方法用得很好时，你可以从一份每个人都信赖的可靠计划（基于市场调研、原型设计、架构设计和其他规划）开始，使用清晰且文档化的需求和规范，并且根据已知的依赖关系和人员分配制订周密的计划。这类计划通常约定一年或更长时间的产品开发周期，有一系列里程碑，然后是较长时间的稳定期。
- 遗憾的是，在实施该计划的几个月内，不确定性逐渐蔓延，需求变化、依赖关系转移和人员安排变化不断发生。团队不得不更新计划、规格说明和时间表，并且将受影响的产品（以及相关测试）废弃或返工。
- 随着产品开发过程中市场的变化和客户在每个里程碑点不断提出反馈，更新计划、废弃工作和返工会循环重复进行。
- 所有的计划和产品变动都会导致许多质量问题，这些问题通常会进一步延长本已很长的稳定期，造成产品发布的延迟。

在理想情况下，每次产品变更后都应该立即收到客户反馈，每天调整市场变化，不产生变动累积造成的混乱或其他质量问题。要做到这一点，就需要在每个开发步骤中都有顺畅的工作流，并且运用持续开发的方法，每天交付完整的、高质量的产品改进。

> **小贴士**
>
> 即使是秘密开发的产品和突破性的新产品也有它们的客户，并且能从频繁的客户反馈中获益。你可能需要精心挑选提供反馈的客户，他们的反馈对于交付高质量、令人满意的产品是至关重要的。

为了解决传统的瀑布式方法的缺陷，Scrum 试图通过将里程碑转换为短的迭代（通常是 1~4 周的时间），每个迭代都产生可以交付给客户的产品改进，并且在每个迭代结束时根据客户反馈进行调整。这是一个显著的改进，但在迭代期间仍然会积累很多变化。每个迭代都要更新计划，交付产品改进的流程虽然可以得到更频繁的客户反馈，但仍然不够顺畅和连续。

看板方法专为顺畅、持续地交付客户价值而构建。我们通过看板方法谨慎地控制工作流及交付质量，及时发现并解决问题。它限制了在制品（制造业中的库存），避免变化的累积，团队和产品可以每天根据市场变化进行调整。看板方法在不改变传统的瀑布式团队成员的角色和专业背景的前提下完成这些调整，使人感到熟悉且简单直接。

在将看板方法引入瀑布式团队时，可以通过下面的话来让团队成员安心。“几乎之前为开发产品所做的一切还是要做的，不必引入新的角色或学习不熟悉的术语。我们会把重点放在质量上，尽力把最重要的工作放在前面，但是仍然会以习惯的方式进行日常产品开发。最大的变化将是如何选择下一步做什么。所幸这个选择过程很简单，展示在一个大的看板上，每个人都可以看得到。”

现在，可以以当前待办事项列表作为起点，利用“看板快速启动指南”（第 2 章）继续推进工作。但在继续工作之前，可以参看本章剩下章节的内容。

- 有几个可能让传统的瀑布式开发团队成员感到意外的地方，值得提前讨论。我将在以下两部分介绍这些内容：在“特性团队中应用看板方法”和“在开发新特性之前完成现有特性”。

- 在特性团队熟悉看板方法后，可以改变定义规范和处理缺陷的方式，以及与客户互动的方式。我在“定义规范和处理缺陷”和“让客户参与”这两部分中描述了这些变化。
- 为了向管理层和团队展示看板方法是如何提高生产率和质量的，你会希望度量并庆祝团队取得的进步。这对于获得团队使用看板方法的承诺是至关重要的。这很容易实施，并且可以很好地提升士气。请参见“庆祝绩效改进”部分。
- 在最后一部分，我回答了一些常见问题，参见“开诚布公的问答”。

Xbox 内部实践

我让 3 个传统的瀑布式团队使用看板方法，包括 2 个软件开发团队和 1 个运维团队。团队中的一些成员熟悉 Scrum 和敏捷技术，一些成员与虚拟的特性团队合作过，但大多数人只使用过传统的瀑布式方法。

在采用看板方法的过程中很少有人抱怨。团队成员发现看板方法很简单，展示板对工作有很大帮助。大多数的困扰和问题都是关于在制品限制，以及如何处理与典型工作不同的临时工作项的。

我观察了每个团队的最初几次站会，并且回答了团队提出的所有问题。每个团队都使用了我在“看板快速启动指南”中描述的“分析”“实施”和“验证”步骤。这些步骤对于传统的瀑布式团队来说很熟悉（我的一些团队将“分析”这一步称为“分解”，但实际上仍将其用于定义规范）。

在最初的几次站会之后，我只是偶尔参加团队站会。当出现关于在制品限制或临时工作项的问题时，团队成员会在我的办公室前停下来问：“我们应该怎么办？”我在第 2 章“看板快速启动指南”的“常见问题”一节中给出了答案。

在特性团队中应用看板方法

应用看板方法的特性团队成员每天聚在一起，查看展示板上的任务进展情况并处理阻碍团队工作的问题。特性团队通常是由多个具有专业背景的成员组成的，他们一起工作在同一个产品特性组中。

一个典型的特性团队可能有 1~3 名需求分析人员、1~6 名开发人员和 1~6 名测试人员（共 3~15 人）。有些团队规模更大，还可能包括市场营销人员、产品规划师、设计师、用户调研人员、架构师、技术调研人员、数据科学工作者、质量保证人员、服务工程师、服务运营人员和项目经理。通常，特性团队成员为多个特性团队工作，但开发人员和测试人员往往将工作专注在某个团队中。

许多在特性团队中工作的人采用传统的瀑布式方法，他们或者从属于同一个经理，或者工作在一个虚拟团队中。然而，有些团队完全将不同的专业领域分开，在跨专业之间使用正式的交接流程，包括相关的文档。

使用看板方法，如果你愿意，仍然可以保留独立的专业领域和正式的交接流程。交接流程直接映射成每个步骤的完成规则。然而，看板方法要求在同一工作流中的每个专业领域成员共用同一个展示板，并且一起参与站会。虽然这肯定是一个变化，但它是团队日常会议方式的一个小的转变，很容易融入团队成员的日常工作中。

站会的关键是选择一个所有团队成员都可以参加的时间。我的团队把时间安排在上午 10：30。对于早晨来说，这个时间已经很晚了，甚至连早上睡过头的人也能赶到了。同时这个时间离午餐时间还远，不会有人因为下午的工作安排而受影响。站会只需要 5~15 分钟，即使大团队，也能在上午 10：45 之前结束。对于不在同一地点工作的团队成员们，同样应该选择最合适的时间使用在线会议工具。

虽然站会的重点是查看展示板上的任务进展情况并处理阻碍团队工作的问题，但所有人聚在一起也为不同专业背景的团队成员提供了沟通的机会。让站会尽可能聚焦在团队共同关注的问题上。在站会之后，有需要的团队成员可以继续沟通，同步日程安排、讨论工作流程及设计中的问题，而不关心这些问题的团队成员可以回到他们的工作中。当大家都工作在相同的特性上时，有这样的固定时间来同步信息是非常宝贵的。

可以通过下面的话帮助团队成员适应每日站会："我们共同努力为客户创造卓越的特性。当我们一起工作的时候，每日站会便于跟踪工作进展，处理可能阻碍我们将高质量工作快速交付给客户的问题。"

在开发新特性之前完成现有特性

一些传统的瀑布式团队在实施之前会对发布版本中的每个特性都先进行分析（以及评审），而一些团队在验证之前会对每个特性都先进行实施。一些瀑布式团队将发布工作分为一系列分析、实施、验证的里程碑。在每个里程碑中，该里程碑的所有特性都先分析后实施，最后验证。这种传统的瀑布式方法让人想起大型计算机的批处理作业。

传统瀑布式开发中的批处理方法非常简单，可让团队成员保持专注。然而，如果批次过大，不易进行更改或重新排序，这种方法可能就是无效且不灵活的。可以说，传统的瀑布式开发人员要想适应看板方法，最大的变化在于要工作在非常小的批次上，受在制品限制。一个步骤中代表进行中的任务的卡片形成当前批次。与持续数月甚至数年的发布不同，小批量工作一次只持续几天（我在第 7 章"在大型组织中应用看板方法"中谈到了在大型项目中协调、使用看板方法）。

虽然看板方法中的小批量是个新概念，但是传统的瀑布式开发人员很快就适应了，因为他们处理每批工作的步骤与传统的瀑布式方法相同，并且他们一次只处理几个工作项。通常，小批量生产会带来两个方面的困惑或意外：

- 最初的困惑来自当限制在制品批次时该做些什么。“看板快速启动指南”（第 2 章）的“常见问题”部分做了介绍。
- 其他令人感到困惑或意外的地方是跨职能团队互动频率的增加。由于看板方法采用小批量工作方式，负责不同专业领域的团队成员会更频繁地互动。起初，这似乎是一种干扰。个人对安静的时间、适度的互动和其他职业礼仪的期待很快形成。随着时间推移，团队成员会将增加的互动看作工作方式的显著改进，因为这些互动能让设计和实施缺陷在渗透到整个发布版本、花费高昂代价才能解决之前就被发现。

要顺利适应小批量工作方式，可以这样与团队沟通：“我们都熟悉分析特性、实施特性并验证是否适合客户要求这一流程。我们过去常常一次性分析、实施和验证一大堆特性。大批量生产组织起来很容易，但世界变化很快，要想让大船掉转方向需要时间。我们现在采用小批量方式，在展示板上移动一张卡片代表着移动一个工作项，每个特性、每个客户价值都会被分析、实施和验证。这些卡片使跟踪小批量工作变得容易，而小批量工作的方法使我们更容易适应世界变化，跟上客户需求的步伐。”

一旦特性团队习惯了每日站会，并且已经熟悉小批量工作的灵活性和额外的互动，可能是时候做出更多调整，以便能更加顺利、持续地交付客户价值了。你可能想要改变定义规范和处理缺陷的方式，以及与客户互动的方式，后面两部分描述了这些变化。

定义规范和处理缺陷

在开发新特性之前完成现有特性，可以显著缩短定义规范和实施特性之间的时间，以及缩短造成缺陷和修复缺陷之间的时间。在实践中，缩短的时间促使我们在看板方法中以更加简洁的方式编写规范和处理缺陷。

规范

许多传统的瀑布式团队为每个特性编写详细的设计规范文档（“规范”），所有这些文档在实施开始之前都要经过评审并得到批准。详细的规范很重要，因为在传统的瀑布式方法中，一个特性可能要在规范完成之后几个月才能实施，并且在实施之后几个月才能验证。如果没有清晰、详细地记录特性，开发人员可能不记得要实施什么，测试人员也会不记得要验证什么。

由于看板方法采用小批量工作方式，分析、实施和验证之间的时间以天而不是月为单位进行度量。最初，传统的瀑布式团队可能选择继续为每个特性编写详细的规范。然而团队会发现这种方式是不必要的，因为设计规范在每个人的脑海中都很清晰。

记录、评审和批准设计规范仍然很重要。然而，通常没有必要将白板上的设计和一系列考虑的事项转录到正式文档中，并且对每一点进行详细解释，以便团队成员能在几个月后记住。相反，团队经常使用电子记事本、Wiki，或者其他能快速书写的工具来记录白板上的卡片和设计讨论的重点（我的团队喜欢使用 OneNote 来达到这个目的）。这些非正式的文档包含了足够多的设计规范，以便每个人都能记住主要属性、问题和达成的协议。随着特性的实施，设计的细节就会逐渐显现出来，团队可以实时进行讨论，而不是提前数月去猜测。

正如我在“看板快速启动指南”（第 2 章）的“常见问题”中指出的，某些特性领域或单个特性非常复杂，需要详细的设计文档。是否编写详细的规范不应该由教条或习惯来决定，而应该基于团队（以及客户，如果客户需要的话）的需求。如果某些特性或特性领域不清晰，或者存在不知如何取舍和架构的问题，就应该编写详细的规范，进一步完善设计。否则，一个快速的、非正式的电子记事本或 Wiki 就足够了（我的团队用 Word 编写详细规范，用 OneNote 做其他记录）。

缺陷

在传统的瀑布模式中，特性可能要到实施完成数月后才会被验证。在一个有数百名工程师的大型项目中，验证可能发现数千个缺陷。通常，验证所花费的时间与实施的时间相当或更长。

多年来，传统的瀑布式团队已经设计了各种各样的方法来处理大量的缺陷：

- 在有限的时间内要修复如此多的缺陷，必须对每个缺陷进行优先级排序，并且删除重复报告的缺陷。在微软，我们将这个过程称为“缺陷分诊会议”。代表不同专业领域的团队领导每天大约用一小时开会，评审每个新的或更新过的缺陷。他们在这个会上讨论这些缺陷的影响（包括严重程度、出现频率和受影响客户的百分比），并且设定了一个适当的优先级（立即修复、在发布前修复、如果有时间就修复，或者在后续发布中修复）。他们还会决定某个缺陷是否是之前报告过的缺陷的副本，或者某个缺陷不值得去修复（通常是因为有一个简单的规避方案可用，或者大多数客户不会遇到这个问题，又或者修复起来可能引发更多的问题）。
- 有些团队有“缺陷监禁”（Bug Jail），即在此期间工程师必须停止进一步的开发工作，只能修复缺陷，直到缺陷数量降到合理的水平以下（例如，少于 5 个缺陷）。

- 有些团队有类似于“工作狂星期三[①]”的活动，即每周有一天，团队成员都不回家，直到所有缺陷都解决，或者至少将缺陷降到一个合理的水平以下（例如，每个工程师的缺陷低于 5 个）。
- 我遇到的每个传统的瀑布式团队都在里程碑结束，或者版本发布前有相当长的稳定期。在稳定期内，团队（通常是整个组织）只关注修复缺陷，执行各种形式的系统验证，记录新发现的或者重复出现的缺陷。大型项目的稳定期有时比所有分析、实施和预稳定性验证时间加起来还要长。
- 一些渐进式开发（Progressive Development）团队可能在特性实施期间采用广泛的代码评审、检查、单元测试、静态分析、结对编程，甚至测试驱动开发（Test-driven Development，TDD），以减少在验证过程中发现的缺陷数量。这些方法有着重要作用，但是通常在最后仍然会留下大量缺陷。一部分原因是系统验证在实施之后才进行，另一部分原因是开发人员对这些步骤的遵守情况差别很大。

在看板方法中，对缺陷的处理过程有些不同：

- 看板方法采用小批量工作的方式，确保了验证在实施后几天就可以进行，因此缺陷待办事项很少，缺陷的修复也简单明了。
- 看板方法确保实施的每个任务都经过了代码评审、检查、单元测试、静态分析、结对编程或 TDD 方式下的设计及验证，这些都是基于团队按照自己定义的实施完成规则进行的。即使是粗心大意的开发人员也要遵守团队规则（没人愿意收拾残局），这就进一步减少了缺陷

① 在微软历史上，星期三是很多项目周目标截止日。这样，很多人会在星期三工作到很晚以完成周目标。——译者注

数量。

- 同样，验证的完成规则确保每个任务都经过了集成测试，并且所有问题都得到了解决。因此，任务通过验证后就生产就绪了。第 6 章“部署组件、应用程序和服务”中谈到了利用看板方法的这个优势。

尽管每天完成验证的工作项都经过了集成测试，并且解决了所有问题，仍然会有缺陷在后续测试中被发现，这些测试包括生产过程中的应用、压力测试、安全性测试、可用性测试和 Beta 测试，以及其他产品级别的系统测试。然而，修复这些缺陷所需的稳定期要短得多，而且根据经验，每个特性团队在稳定期的缺陷从数百个减少到 10~20 个（需要几个星期的时间来解决）。

在适应看板方法后，传统的瀑布式团队可能继续选择缺陷分诊会议、缺陷监禁、工作狂星期三和长时间的稳定期。然而，团队可能很快会发现其中的一些或全部都是不必要的。在大型组织中，可能仍然需要跨团队、产品范围内的稳定期 （参见第 7 章），但是应用看板的团队不会有足够多的缺陷要采用缺陷分诊会议、缺陷监禁或工作狂星期三等方法。

让客户参与

传统的瀑布式团队通常会在几个阶段请客户参与进来：项目规划期间（发布工作开始之前）、每个里程碑稳定期结束时的 1~6 个月（可能作为项目预览计划的一部分），以及最终发布版本的稳定期内（通常是 Beta 计划的一部分）。

正如经验丰富的工程师所熟知的，客户反馈对于分析、实施和验证产品的改进是非常宝贵的。客户与传统的瀑布式开发团队的互动很有限，因为产品通常缺陷过多或不完整而无法使用。当客户不能使用产品时，他们就无法提供具有可操作性的反馈。客户必须等到稳定期结束、产品的已知缺陷最少的时候才能使用并反馈。

相反，看板方法提供了一个机会，让团队或客户以他们认为最合适的节奏与客户互动，包括持续与现场的客户接触。看板方法得以支持这个方式是因为当一个任务通过验证后就可以投入生产使用了。

当然，你可能希望首先在有限的客户中尝试产品改进，并且评估他们的反应，然后再将这些改进发布给整个客户群。一个常见的方法是，首先让整个产品开发团队尝试最新版本，之后通过早期采用者计划（early adopter program）共享，然后将其发布给更广泛的预览用户，最后再发布给所有客户（在下面的“Xbox 内部实践”中我举例进行了说明）。

所获得的客户反馈可以用于暂停发布无法正常工作的变更、调整设计、重新对待办事项排序、发现细微和罕见的缺陷、填补可用性场景中的空白，并且在客户喜爱的领域扩展特性。由于看板方法限制了进行中的工作项数量（小批量），因此很容易在几天之内根据客户的反馈进行调整。

要想充分利用客户反馈的机会，需要制订预览计划、早期采用者计划，以及整个产品团队尝试使用最新版本。以下是一些可能性：

- 很多传统的瀑布式团队已经有了 Beta 计划，可以将 Beta 计划重新定位为预览计划。
- 要制订一个早期采用者计划，可以邀请 Beta 用户中最活跃的成员或自行选择关键客户，并且向他们提供早期采用者身份作为一种额外待遇。
- 若要向整个产品团队公开最新版本，请参照第 6 章中的步骤。

很快，你会获得更强的信心、更高的产品质量和可用性，以及更加满意的客户。没有什么比认真参与的客户对产品提供可操作的反馈更有效的了。

确保你的团队和管理层致力于看板方法的最后一步，也可以说是最关键的一步，度量所取得的优异成果，然后庆祝成功。这将是下一小节的主题。

Xbox 内部实践

Xbox One 在 2013 年秋季发布，在撰写本文时，该平台每个月都会发布新版本。Xbox One 产品团队使用不同的方法体系：Scrum、Scrummerfall（传统的瀑布式开发具有周期短、里程碑长度固定的特点，也被称作“Sprint”）、极限编程（Extreme Programming，XP）的变体和看板方法。所有这些技术的使用都旨在快速响应客户反馈。

虽然转为每月发布具有挑战性，但过程出乎意料地流畅和自然。事后看来，我认为有 2 个关键变化使平滑过渡成为可能：

- 在发布前的大约 18 个月，我们将所有 Scrum，Scrummerfall 的迭代和极限编程的迭代同步到 4 周的节奏，看板方法支持持续发布，能适应各种节奏，因此看板团队无须做出调整。
- 在发布前的几个月里，我们每周向 Xbox 产品团队发布新的平台级构建，一周后发布给早期采用者，然后每个月发布给预览用户。我们修复每个用户发现的问题并立即发布。Xbox One 发布之后，我们延续了这个发布节奏和方法，在预览用户收到版本后的几个星期，将其发布给所有用户。
- 相对来说，确定不同发布版本的受众是相当容易的。
- 我们已经有了向 Xbox 产品团队每周发布构建的机制。它被称为“狗粮”[正如“吃我们自家的狗粮”（表示使用自己生产的产品。——译者注）]，从 Xbox 的第一个版本开始就存在了。当然，我们需要更新 Xbox One 的计划，这是意料之中的。
- 我们已经有了一个振奋人心的早期采用者计划。基本上，我们询问所有微软全职员工是否对 Xbox 的早期版本感兴趣，先到先得，名额在数小时内就满了。同样，我们需要更新 Xbox One 的部署流程，这也是意料之中的。

- 我们已经有了热情的 Xbox Beta 用户，可以把他们转化为 Xbox One 的预览用户。这是最重要的工作——不是为了获得用户，而是重新配置 Beta 反馈站点、后勤和工具，使其适应每月发布一次的频率。

现在 Xbox 每个月发布一次，我们再也不想回到从前了。我们的客户喜欢新的性能，以及我们对需求的响应速度；我们的工程师喜欢可预测性，喜欢两次发布之间变化减少、压力减小（如果你的特性错过了这个月，可以在下一个月的版本中发布）；我们的管理层喜欢所收到的积极的评价，并且将其转变为对后续工作的基本要求。

庆祝绩效改进

即使你的传统的瀑布式团队很容易接受看板方法并喜欢这种变化，团队成员们仍然可能质疑这种变化是否值得。毕竟，传统的瀑布式方法确实有效，而且已经成功使用多年了。管理层可能也有类似的担忧：为采用看板方法付出的努力是否值得？

虽然每个团队都有自己使用看板方法的原因，但更多的是希望通过采用这一方法来提高敏捷性，并且能在更短的时间内为客户提供更高质量的价值。好消息是，度量这些结果很简单。从一开始就进行度量，并且向团队和领导层展示结果如何随着时间的推移而得到改善。这将增强每个人对改变的信心，在此过程中还能提高士气和团队自豪感。

我将重点介绍两个日常度量指标及它们的移动平均值，以帮助度量敏捷性、生产率和质量。我选择了两个特定的指标进行度量——已完成任务数和未解决缺陷数。因为对于瀑布式和看板方法来说，它们有明确的定义，比较容易计算，并且直接与敏捷性、生产率和质量相关。表 4.1 是对每个度量指标的详细说明。

表 4.1 度量指标

项 目	已完成任务数	未解决缺陷数
定义	当天团队完成验证并解决了所有问题的任务数量	当天团队未解决的缺陷数量
被度量的概念	日常敏捷性	日常缺陷债务
被移动平均值反映的指标	生产率	产品质量
瀑布式的计算方式	统计在里程碑或发布结束时，团队针对每个规范完成验证并解决了所有问题的任务数量，并且将这些统计结果与相应里程碑和发布的最终日期相关联	每天从缺陷跟踪系统中获取团队未解决的缺陷数量
看板的计算方式	统计每天团队通过了“验证”完成规则的任务数	每天从缺陷跟踪系统中获取团队未解决的缺陷数量
注意	仅衡量任务完成率，而不是其他日常活动或没有规范定义的任务	仅衡量产品质量在已捕获的缺陷数量方面的体现，不考虑缺陷类型

关于度量的说明：

- 如果团队的规模迥异，那么度量过程中应该除以团队成员的数量，从而得到每个团队成员已完成任务数和未解决缺陷数。根据我的经验，这样做可以使度量结果在跨团队间进行比较，但对管理团队来说不那么直观。
- 在瀑布式方法中，已完成任务数是以在每个里程碑或版本发布结束前累积的所有任务来计算的，因为这是已知的所有任务都经过验证，并且缺陷都被解决的最早日期。然而，如果瀑布式团队将所有缺陷直接与任务相关联，则可以将任务数计算到其最后一个缺陷得到解决的那一天。能够这样精确度量当然很好，但不是必要的。特别要指出，这种额外的精确度量对于移动平均值（度量生产率）的计算没有影响，因为只要对里程碑的长度进行平均即可。

- 移动平均值可以是度量每周生产率的 7 天均值，也可以是度量每月生产率的 30 天均值，或者你希望的任意周期长度。要比较瀑布式方法与看板方法的生产率，应该在瀑布式里程碑的长度范围内进行平均。

图 4.1 和图 4.2 是度量在 4 个 9 周时间段内已完成任务数和未解决缺陷数的示例图（示例图包含在可下载的工作表中）。前 2 个时间段代表瀑布式里程碑，分为 6 周的实施和 3 周的验证。后 2 个时间段反映了看板持续运行的时间。这些数据基于我在第 3 章“如期交付”中所使用的团队规模及工作方式。假定团队每周工作 7 天（为了计算简单，而不是为了惩罚成员），成员的工作节奏在 4 个时间段都是一样的，这是人为设定的，以保证结果是客观公正的（我在整个过程中添加了一些随机干扰，使结果更加真实）。

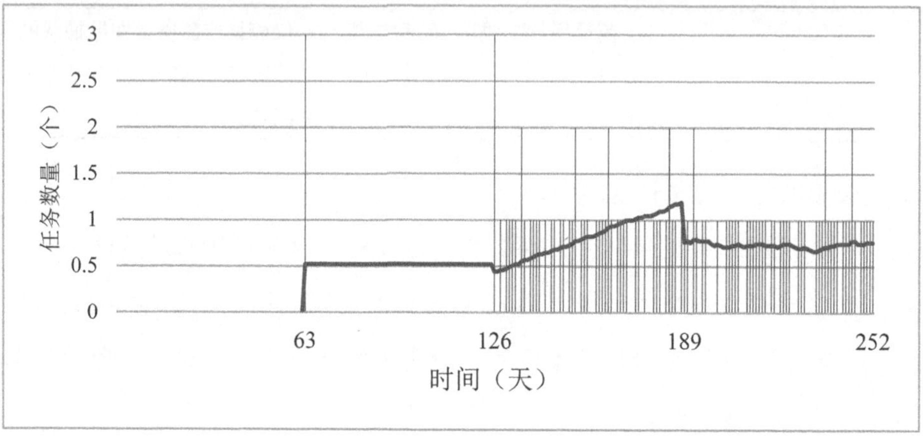

图 4.1　4 个 9 周时间段内已完成任务数和移动平均值

观察图 4.1 中的已完成任务，可以发现，在前 2 个瀑布式时间段里，所有任务都被视为在验证的最后一天完成。在这 2 个时间段内，已完成任务数的 2 列高度大约是图表高度的 10 倍。我把图表局部放大，以更清楚地查看度量生产率的 9 周移动平均值。它开始于每天完成大约 0.52 个任务（33 个任务/63 天），随着第二个瀑布式里程碑与看板方法相结合，增加到每天完成大约 1.2 个任务。当稳定的看板工作流建立起来后，这一数据稳定在每天 0.76 个任务。

从 0.52 个任务提高到 0.76 个，生产率提高了 46%。这相当于工作 5 天，却完成了 7.5 天的任务——如同一周努力工作 7 天得到的产出，可事实上你到周末还可以休息 2 天。看板方法的日常敏捷性也显而易见，因为工作是每天完成的，而不是批量交付的。

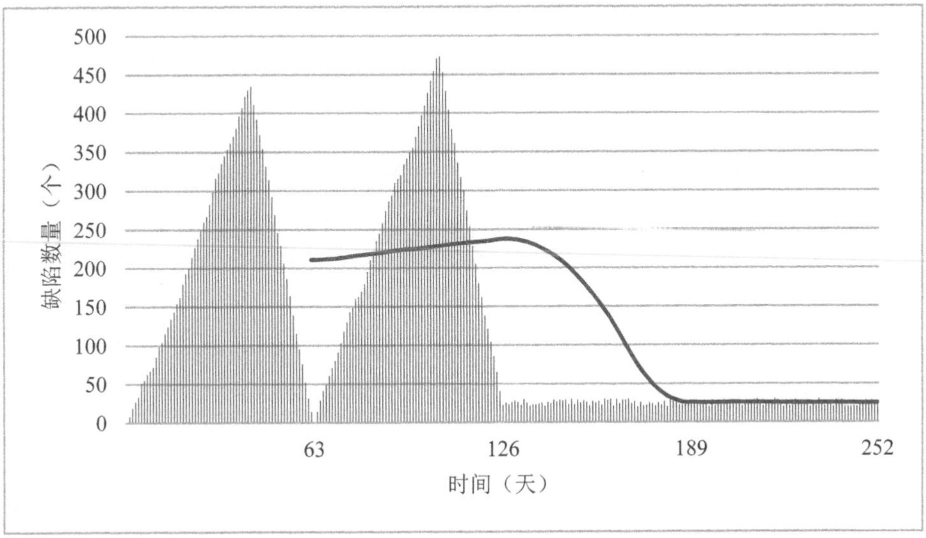

图 4.2　4 个 9 周时间段内未解决缺陷数和均值

图 4.2 展示了一个相当典型的瀑布模式，即在里程碑的 9 周实施阶段建立起基于缺陷的待办事项列表，然后在 3 周的验证阶段将这些缺陷解决

掉。这显示为 2 个倒 V 形，每个瀑布式里程碑对应一个。在这个简单的示例中，验证过程中具有始终如一的缺陷解决率。在实践中，经常会因为发现了复杂的问题，或者某些修复使老问题再次出现，造成缺陷解决率出现很大的波动。

一旦看板周期开始，就会有相当稳定的未解决缺陷流，但是这些未解决缺陷并不会累积起来。看板方法始终通过在制品限制和工作完成规则来检查这些缺陷。应用看板方法，度量质量的 9 周移动平均值显著降低，产品随时可以投入生产使用，并用来接受客户反馈。

生产率和质量的显著提高，足以使那些持怀疑态度的团队成员和领导层转变态度。要每周与团队和领导层分享取得的成果，并且予以庆祝（不仅仅只针对你交付的客户价值）。

此外，在看板方法中，整个产品周期中的质量都是稳定的，因此传统的瀑布式方法中的长时间的稳定期不再需要，在一些大型组织中系统测试被缩短到只有两三个星期。用最多几个星期的时间来取代几个月的稳定期，可以获得更多的时间来持续改进产品，显著提高生产率和产品质量。

然而，可能需要一两个月才能看到优异的成果，持怀疑态度的团队成员们对此肯定会有疑问，是时候进入问答环节了。

开诚布公的问答

下面是开诚布公的问答环节，是基于我在将看板方法引入瀑布式团队时所遇到的问题而整理的，希望能够涵盖你所遇到的部分问题。

问：我们为什么要从瀑布式演进到看板方法？

答：软件行业不断发展，客户希望应用和服务能够自动更新并持续改进。我们目前的工作方式无法跟上发展的步伐。

问：那么，我们停止对于实践、计划和需求的不断变更不就好了吗？

答：无论我们准备得多么充分，考虑得多么周全，计划和需求总是变化的。即使你客户，也会不断改变主意。然而稳定的计划、需求和实践并不足以使我们对当前市场需求做出快速反应。

问：那么你是说没有希望了？

答：也并非毫无希望。这个行业在不断发展，我们可以引入一些相对较小，却能够产生很大影响的改变。

问：我们需要针对看板方法的培训吗？

答：我们主要通过每天使用看板来学习。有关看板方法的书籍和看板教练也能在采用看板方法的过程中提供帮助。

问：我是不是得坐在开放式工作区的某个格子间或大家共用一张大办公桌？

答：不，你不需要更换办公室或共用办公桌。你甚至不用改变编写规范、软件设计或测试的方式。我们仅仅增加了每日站会，在会上用一个大的展示板来跟踪工作流。

问：增加一个会议怎么会让我的效率更高？

答：每日站会持续时间不超过 15 分钟，与此同时它取代了我们传统的规划和状态评审会议。我们把站会安排在整个团队都方便的时间。不管怎样，流畅且连续的工作流提升了团队工作效率。

问：我们如何获得流畅且连续的工作流？

答：目前，我们批量对特性进行“分析”“实施”和“验证”。但当计划或需求改变时，我们失去了工作方向和前进的势头，并且当很晚才发现缺陷时，我们不得不付出高昂代价进行返工。接下来，我们将使“分析”“实施”和“验证”以相近的速度进行，以便能够持续顺利完成小批量任务。

问：小批量工作如何能使我们更快？

答：小批量工作以多种方式加快速度：

- 当计划或需求发生变化时，仅影响一小批任务，因此浪费的工作更少，团队能快速做出调整。
- 小批量工作意味着更少的缺陷待办事项，因此我们不需要团队在一定时期内专注于产品稳定性。
- 我们每次只进行小批量工作的“分析”“实施”和“验证”，因此我们不必编写不会实施的规范、不会被验证的代码，以及不会被运行的测试用例。
- 在每次小批量工作交付后我们都能得到用户反馈，避免工作走进死胡同，或者在很晚的时候被要求重新修改设计的主要部分（或发布客户不喜欢的产品）。

总之，小批量工作显著减少了浪费和返工，同时提高了产品质量。

问：那么，为什么我们一直没有使用小批量工作呢？

答：小批量工作需要协调整个工作流。如果分析人员在一周内分析的工作比开发人员能够实施的多，那么这些工作就会堆积起来，你就会重新开始大批量工作。同样地，开发人员实施的特性多于测试人员可以验证的特性，也会造成堆积。如果不能使“分析”“实施”和“验证”以相近的速度运转，团队就会陷入大批量工作，忙于处理浪费、累积起来的缺陷待办事项和大量返工。

问：我们有各种专业背景的分析人员、开发人员和测试人员，如何让他们的工作节奏协调一致？

答：你可以限制“分析”“实施”和“验证”的速度使其相互匹配，可以基于每个步骤的当前速度设置限制，考虑到所涉及的各种人员和工作的多样性，在限制之上加一些缓冲。这一工作限制通常被称作“在制品限制”。即便最初对于速度限制的推断足够准确，足以保证更顺畅、更连续地进行小批量工作，在执行过程中，仍然可能需要对这一限制进行微调。

问：限制工作流会不会使我们变慢？

答：我们不是限制团队成员，而是限制他们所做的工作内容。如果开发人员被某个特性卡住了，那么分析人员分析再多的特性也无济于事。相反，分析人员应该努力帮助解决开发人员遇到的问题（例如，澄清规范，升级问题，研究客户偏好，或者聘请专家）。通过专注于保持工作流的顺利进行，限制工作流，使其保持平稳的速度，我们实际上在短时间内完成了更多的工作。

问：为什么不让分析人员继续完成当前的任务，而让开发人员开始下一个任务呢？

答：关键要看被阻碍的“实施”任务的状态：

- 如果任务被外部依赖阻碍，我们应转为执行下一个任务，直到原任务的阻碍被解除。我们应该将被阻碍的任务记录在展示板上的特殊任务栏中，并且密切关注状态。
- 如果任务被与设计相关的问题阻碍，那么分析人员有责任帮助解决问题，并且最好在开发人员还能够清楚记得具体情况时尽快处理。限制在制品数量，将受阻碍的问题可视化，可以防止分析人员忽略这些问题，不任其持续恶化。

这同样适用于被阻碍的“分析”和“验证”任务。与其让问题堆积如山，不如一起努力迅速解决它们。这有助于保持顺畅的工作流，在问题渗透到产品中并变得难以修复之前解决它们，以便更快、更持续地向客户交付价值。

问：我们会不停地被解决问题所困扰吗？

答：事实上，肯定不会有现在这么多困扰。那是因为，虽然我们总会有问题，但现在我们总是很晚才发现并解决它们。尽早解决问题，趁我们头脑中还清晰记得时，更容易将问题解决，并且不会造成时间成倍地增加或带来更多的问题。虽然你会比以前更早地遇到麻烦，但是大多数人都会因为问题没有持续恶化而感到高兴。

问：会不会每个人都带着问题来找我？

答：不，你会像往常一样处理自己的工作。我们增加了一个每日站会，在会上我们用一个大的展示板跟踪工作流。展示板上将展现你和其他人的工作任务，这些任务形成一个工作流，代表每个任务的卡片分别放置于 3 个步骤中——分析、实施和验证。用来设置正确速度的在制品限制将写在展示板上的每个步骤之上。当工作遇到阻碍和困难时，每个人都能看到。他们不会只是来找你，相反，团队将群策群力，共同解决问题。

问：如果一个人一直阻碍工作怎么办？

答：如果一个人真的不能胜任他的工作，有一个经典的解决方法。然而，如果有人粗心大意或懒惰，常常提交完成一半的工作，他就要为此负责。我们会对“分析”“实施”和“验证”的完成规则进行定义。在有人移动卡片、声称已经完成了当前步骤之前，必须通过该步骤的完成规则验收。我们要杜绝交付半成品。

问：谁决定完成规则？

答：你和团队成员共同定义完成规则。团队知道导致问题的原因，知道如何做好工作，可以决定何时将任务视为完成。一旦团队确定了规则，应该将它们写在展示板的底部，以避免引起歧义。如果规则需要调整，团队成员要一起去改变它们。

问：看板方法还带来哪些变化？

答：没有其他改变了，直到我们想要做进一步改进。现在，我们将在写着工作步骤的展示板前召开每日站会，上面的卡片展现了我们的工作内容。每个步骤的卡片数量受限，在展示板的底部有共同定义的完成规则，以判断一张卡片上的任务是否真的完成了。每当根据完成规则确认完成了一个步骤， 应该在展示板上移动这个卡片，并且拿取下一个可用的卡片。如果没有卡片可用，则表示工作流受到阻碍，应该与团队成员一起消除障碍。

问：记录卡从哪里来？

答：我们依据当前的特性清单和待办事项列表，将工作事项写在卡片上，按优先级将它们放在展示板的左侧、“分析”步骤之前。当出现新的工作任务或计划变更时，我们将根据需要添加和重新排序卡片（详见第 3 章“如期交付”和第 7 章“在大型组织中应用看板方法”）。

问：当一张卡片移动到下一个步骤时，谁来处理这张卡片？

答：我们会将工作分配给任何一个当时有时间并且有能力完成这个工作的团队成员，和我们现在的做法一样。区别在于根据需要分配，而不是提前很久进行计划。

问：我们每天都要在一个跟踪进度的展示板前开站会，这是不是代表我们已经在使用看板方法了？

答：很多传统的瀑布式团队每天都会在一个用来跟踪进展情况的展示板前开会，但是，这不是看板方法，除非你在展示板上列出步骤（如“分析”“实施”和“验证”），同时每个步骤都有在制品限制、一个“完成”列，并且在展示板上明确标示完成规则。

问：为什么每个步骤都需要有自己的“完成”列？

答：假设你刚刚实施了一个工作项（它通过了“实施”的完成规则），如果没有特定的实施完成标记或实施“完成”列，团队如何标识该工作项已准备好被验证？在普通展示板上，只须将代表这一工作项的卡片移至“验证”步骤即可，但这意味着该工作项正在被验证，并且计入“验证”步骤的在制品限制——而这两者都不正确。更糟糕的是，该工作项不再被计入“实施”步骤的在制品限制，即使“验证”步骤已不堪重负并需要帮助，你也可以随意开始实施另一个工作项。现在每个步骤的“完成”列清楚地标识每个工作项的状态，并且结合其在制品限制控制该工作流。

问：看板方法中的里程碑发生了什么变化？

答：较大的项目可能有跨团队同步的里程碑发布，但如果是一个单独的团队则不需要。根据“验证”完成规则，小批量工作总是完整的，并且可以交付生产。在第 7 章“在大型组织中应用看板方法”中可以了解更多信息。

问：那么稳定期呢？

答：较大的项目可能有发布稳定期以解决系统问题，但是如果只是一个单独的团队则不需要。我们的完成规则确保工作在每个步骤结束时都能完成，没有问题需要在稳定期解决。

问：如果其他项目团队正在使用瀑布式方法，它们还需要稳定期吗？

答：是的，它们需要。在其他团队稳定产品的过程中，我们可以做一些不同的事情：

- 我们可以继续处理当前项目里程碑的新任务，但这可能打乱了瀑布式开发人员的工作或违反了项目规则，因此它可能不是一个好的选择。
- 我们可以处理下一个项目里程碑的新任务，并且将其并入不同的源代码管理分支。
- 我们可以改善基础设施和工具集，解决其他被忽视的技术债务。
- 我们可以进行新技术和新方法的培训。
- 我们可以尝试确定之前遇到的各种缺陷的根本原因，并且设法解决它们。
- 我们可以帮助其他团队成员稳定产品，特别是我们所依赖的团队。这个选项可能不是最吸引人的，但它是最有帮助的。
- 我们可以进行创新实验并获得客户反馈。

问：计划方式将发生什么变化？

答：我们仍然会参与整体的发布和项目规划，但团队规划只是在展示板上对卡片进行排序。我们可以节省大量的时间，以更高的质量创造更多的价值，同时对于计划和需求的变化进行简单、快速的调整。

问：听起来很简单，那么还有迭代和燃尽图吗？

答：不，没有不熟悉的术语，也没有新的工作方式。看板方法非常简单直接。看板的大致意思是“信号卡片”“指示标志”“板”或“看着板”，它指的是代表工作任务的卡片、显示我们工作流程步骤（以及指定的在制品限制和完成规则）的展示板，以及我们审查展示板上相关人员状态的每日站会，没有更多的内容了。我们在设定的在制品限制内持续完成新卡片上的任务，确保卡片的每个步骤都完成之后再开始下一个卡片的任务。如果卡片开始积压，我们会找出问题并解决，以便工作继续顺利进行，不断交付价值给我们的客户。这是一种快速、简洁、轻松的工作方式。

清单

以下检查清单可应用于从瀑布模式演进到看板方法的团队：

- ❑ 解释为什么需要改变。
- ❑ 确保团队成员可以依照以前的方式工作，而不需要引入新的角色，学习新的方法论。
- ❑ 引入每日站会，确保全体特性团队成员都参加。
- ❑ 阐明小批量工作对于特性开发工作的重要性。
- ❑ 决定哪些特性需要正式的规范文档，哪些只需要非正式的白板上的照片或笔记来指定工作即可。
- ❑ 确定缺陷待办事项的多少如何影响缺陷管理和产品稳定期。
- ❑ 创造频繁的获得客户反馈的机会，确保产品持续增值。
- ❑ 执行第 2 章“看板快速启动指南”中的任务列表。
- ❑ 定期度量已完成任务数和未解决缺陷数，或者任何你选择的有关生产率和质量的指标。
- ❑ 庆祝生产率和质量的提高（以及持续交付客户价值）。
- ❑ 回答团队成员提出的任何问题，尊重他们并对他们过去取得的成就予以赞赏。

第 5 章 从 Scrum 演进

本章适用于目前使用 Scrum 进行产品开发的人员。如果你目前未使用 Scrum，请跳过本章。

看板方法对于拥有 Scrum 经验的人来说比较熟悉。从 Scrum 过渡到使用看板方法是一种自然而然的演进。召开每日站会，特性团队工作在一起，完成现有特性后再开始开发新特性，以及经常与客户互动，都是这两种方法中的常见做法。Scrum Master 和产品负责人等角色也可以用在看板方法中，但不需要符合 Scrum 的规定。

在使用传统的瀑布方法 20 多年后，我花了 8 年时间使用 Scrum 方法，我享受其中的每一分钟。Scrum 给了我很多启发——迭代、对授权团队的重视、亲密的客户关系、敏捷性，都极其有好处。如果你想了解有关 Scrum 的更多信息，我推荐你看看 Ken Schwaber 的经典书籍《Scrum 敏捷项目管理》（*Agile Project Management with Scrum*）。

Scrum 是对传统的瀑布方法的巨大改进。Corey Ladas 在 2003 年向我介绍了 Scrum，要不是他在 2007 年向我展示他如何在 Corbis 项目中使用看板方法，可能至今我仍在使用 Scrum。Corey 和 David Anderson 非常友好地向我完整地介绍了他们在 Corbis 使用的方法。我花了 3.5 年的时间才找到合适的机会和勇气使用看板来改进我的 Scrum 团队，结果我就迷上了看板方法。Scrum 很棒，但是看板方法几乎是我所见到的项目管理必杀技。使用看板方法，每一分钟的工作都直接花在增加客户价值上，几乎一点浪费也没有。

注意

对于那些想要更详细地了解看板方法的好处和使用方法的人，或者想要考虑同时使用 Scrum 和看板的人，我推荐 Corey Ladas 的书 *Scrumban: Essays on Kanban Systems for Lean Software Development*。

本章致力于帮助 Scrum 团队成员顺利地演进到看板方法。我提供“开诚布公的问答”，其中包含了一些直率的团队成员可能问的问题，并且提供了实用的回答。目的在于使团队成员安心，建立对新方法的信任，并且明确解释如何使用看板方法取得更好的结果。

本章包含以下主题：

- 将看板方法引入 Scrum 团队。
- Scrum 角色和术语与看板方法的对应关系。
- Scrum 事件的演进。
- 庆祝绩效改进。
- 开诚布公的问答。
- 清单。

将看板方法引入 Scrum 团队

Scrum 团队已经对敏捷项目管理很熟悉了。如果团队成员以前还使用过传统的瀑布方法，他们可能欣赏 Scrum 及其好处（尽管有些人可能想念瀑布方法中的层级结构和泾渭分明的专业角色）。Scrum 是一种有效的增量技术，可以快速为客户提供高质量的产品。

然而，Scrum 中的时间盒迭代（Sprint）是强加的人为边界，用于管理计划变更、客户反馈、发布日期，以及流程改进。在理想情况下，团队可以及时处理这些事件，但 Scrum 会把对这些事件的处理关联到迭代开始时的计划会议，或者迭代结束时的演示和回顾会议。时间盒虽然避免了在迭代期间工作中断，但会导致计划调整、反馈、发布和改进的延迟，并且增加额外的会议。看板方法移除了人为的迭代边界和其他会议，同时保持了工作流的顺畅和不间断。

此外，Scrum 还引入了一些特殊术语，包括迭代、增量、每日 Scrum 站会、产品待办事项列表、迭代待办事项列表、Scrum Master 和产品负责人。新的团队成员可能不熟悉这些术语，这可能为他们适应和快速提高工作效率带来一定的难度。使用看板方法，你可以使用团队熟悉的术语和角色，这可以让新人更容易地开始并快速有效地工作。

不管看板方法会带来多少好处，人们可能也不想从 Scrum 演进到看板方法。我建议不要把看板看成 Scrum 的替代品或彻底转变 Scrum。我建议你先承认 Scrum 的好处和有效性，并且将看板方法说成进一步提升 Scrum 敏捷性的迭代。Scrum 方法和看板方法拥有很多共同的特质，会让许多调整看起来都很精细化。团队应该能快速适应初始的看板改善阶段，并且可能惊讶于这样做以后所减少的开销和提高的生产率。一旦团队掌握了看板方法，就可以选择通过对该方法进行更多明显的修改来进一步改进。

当 Scrum 团队使用看板来改善工作时，可以用下面的话来让团队成员安心。“Scrum 已经被证明是一种有效的、增量的方法，可以快速向我们的客户提供高质量的产品。我们希望在保持现有角色和工作流程步骤的同时，对下一次迭代做改进。我们将减少我们的计划会议，发现并立即纠正流程问题，而且更明确地说明我们如何定义每个要做的工作的每个步骤。我们会把所有的这些变化放到我们用于跟踪工作的展示板上。除了列出待办事项，我们现在还将每个步骤正在进行和已完成的工作项分别列出，同时列出每个步骤的完成规则，并且限制每个步骤中应该进行的工作项。虽然这些变化看起来很浅显，但在制品限制和完成规则会帮助我们尽早发现问题并拥有持续的工作流——持续的迭代。我们将减少在迭代计划会议中花费的时间，并且始终提供就绪的代码，以便与客户分享。”

现在，可以以当前待办事项列表作为起点，利用“看板快速启动指南”（第 2 章）继续推进工作。但在继续工作之前，可以参看本章剩下章节的内容。

- 经验丰富的 Scrum 团队成员可能想知道在向看板方法演进的过程中各种 Scrum 角色和事件会有什么变化。我将在接下来的两节中介绍这些主题：“Scrum 角色和术语与看板方法的对应关系”和“Scrum 事件的演进”。
- 为了向管理层和团队展示看板方法是如何提高生产率和质量的，你会希望度量并庆祝团队取得的进步。这对于获得团队对使用看板方法的承诺是至关重要的，它很容易，并且可以很好地提升士气（参见“庆祝绩效改进”部分）。
- 你的 Scrum 团队成员肯定会对看板有疑问，因此我在“开诚布公的问答”部分提供了常见问题的答案。

Xbox 内部实践

几年前，在我们解决了关于稳定的构建、稳定的环境及频繁可靠的生产部署的主要问题之后，我让 2 个经验丰富的 Scrum 团队使用看板方法。我把看板方法作为一种改进，介绍给了我所有的 Scrum 团队。其中有 2 个团队愿意尝试，并且开始了 2 个月的试用时间。

试用期间，唯一的抱怨来自微软的长期团队成员之一。和其他团队成员不一样，他更喜欢每月正式的计划会议。团队的折中方案是，用比较正式的方式来定义规范。

总的来说，团队成员发现看板方法简单直接。在此之前，团队成员已经使用白板来跟踪他们在迭代里的任务。引入看板后，相当于在现有的展示板上添加了“完成”列、完成规则和在制品限制。他们很高兴会议的数量减少了，并且几乎没有任何困难就适应了在制品限制。

我参加了某些团队的第一次站会，回答了他们提出的所有问题。每个团队都发现，需要在“实施”步骤和“验证”步骤之前增加一个“分解”步骤（从那时起，我建议我的所有团队都将“分解”作为“分析”步骤的一部分）。在最初几周之后，团队已经习惯于使用看板了，几乎没有新的问题提出。

2 个月的试用期结束时，2 个 Scrum 团队都报告说它们喜欢看板并想继续使用它。自那时起，看板开始传播到周围的其他团队，即便后来我已经加入了新的团队。

Scrum 角色和术语与看板方法的对应关系

除了开发团队，Scrum 还定义了 2 个关键角色——Scrum Master 和产品负责人。当你使用看板时仍可以保留这些角色，或者把他们的一些职责分散到整个团队。在本节中，我将把 Scrum 的角色和术语与第 2 章“看板快速启动指南”中提到的角色和术语对应起来。

在 Scrum 中，Scrum Master 使团队能够为客户创造价值。Scrum Master 组织相关的 Scrum 事件，来确保客户代表（产品负责人）有效地与团队一起工作并有效地组织产品待办事项列表；Scrum Master 教练赋能团队，消除团队前进的阻碍；Scrum Master 还在整个大型组织中参与跟 Scrum 相关的工作，并且以其他方式尽一切可能确保团队逐步向客户提供高质量且可用的产品，同时，让所有相关人员都能知道最新的进展。

当使用看板方法（以及现代版本的 Scrum）时，整个团队都积极地参与消除阻碍的过程，尽一切可能逐步向客户提供高质量且可用的产品，同时，让直接参与的每个人都能知道最新的进展。在看板方法中，团队的项目经理负责与间接参与的人分享这一进展，如领导层和更高的组织层。尽管业务分析师主要负责与客户密切交流，但不管有没有单一的客户代表（单个产品负责人），每个团队成员都被鼓励经常与客户互动。

小贴士

就个人而言，我喜欢我的客户，就像家人一样。虽然他们有时像家人一样令人沮丧和令人感到挫败，但无论如何，我都喜欢他们。没有客户，我们的团队将不存在。如果我们将客户放在心中，保有真正的同理心，我们将创造出更好的产品，并且看到我们的爱有所回报。这听起来很感性，却是真实的。

看板方法通过展示板、记录卡、在制品限制和完成规则，让每个团队成员参与其中。因为只有一个持续不停的迭代，只需要管理一个待办事项列表。每张记录卡都是交付客户价值的一个增量。展示板上的待办事项列表中的记录卡代表了用户故事、产品特性、场景、用例或其他类型的工作项。在第一步（例如，在我的例子中的“分析”步骤）中，大型工作项被分解为较小的任务，每个任务都有自己的记录卡。

团队成员自己移动记录卡，整个团队和客户经过展示板的时候，都能看到最新的进度。在制品数量会立即暴露问题，因此团队成员可以在白天或每日站会时随时响应。除了 Scrum 对已完成工作项有完成定义，看板对整个过程中的每个步骤都有完成规则，以确保始终为客户提供高质量、可用的产品。

当从 Scrum 向看板方法演进时，仍可以保留当前的 Scrum Master 和产品负责人这些角色。随着时间的推移，你可以按照自己的方式将这些角色的职责分配给不同的团队成员。

- 可以将与领导层和合作伙伴的沟通，和与客户的沟通分开（与第 2 章中的把项目经理和业务分析师分开的方式相同）。
- 相较单一的产品负责人，可以邀请更多的客户参与。
- 可以让某些人专注于服务交付或团队的其他特定需求。
- 可以完全按照现在的方式保留角色。

在看板方法中，你可以选择如何管理团队中的角色。关键是，要保持价值顺畅地流向你的客户，以便他们能够及时提供反馈，保证产品是客户想要的并具有竞争力。

Scrum 事件的演进

Scrum 定义了一些常规事件。在表 5.1 中，我将描述每个事件，以及如何在看板方法中替换该事件。

表 5.1 Scrum 事件及替换方法

Scrum 事件	描 述	频 率	用看板方法替代	频 率
高层级规划会议	产品负责人建立初始产品待办事项列表	每个项目进行一次，或者可能每个服务每季度进行一次	与 Scrum 的实践类似，由主要利益相关者参与（见第 3 章）	每个项目进行一次，或者可能每个服务每季度进行一次
迭代计划会议	产品负责人与开发团队协作，从产品待办事项列表中为下一个迭代选出优先级最高的工作项	在每个迭代开始时	不需要任何会议，根据需要从待办事项列表中按顺序拿取工作项	不适用
Scrum 每日站会	每个团队成员回答以下问题：昨天你做了什么？今天你会做什么？你碰到了什么阻碍？	每天	每日站会，但只有在查看了展示板上的状态后才会问有关阻碍的问题，只有被阻碍的人才需要回答	每天
迭代评审会	Scrum 团队向利益相关者演示完整的工作软件，以获得反馈	在每个迭代结束时	不需要任何会议，客户每天或每当他们想看的时候都可以看到最新的产品	不适用
迭代回顾会	团队讨论下一个迭代的流程改进	在每个迭代结束时	不需要任何会议，工作流程中的问题会很明显，一旦发现，每天随时解决	不适用

请注意，Scrum 和看板都有高层级规划会议和每日站会，但看板放弃了 Scrum 的其他事件，采用了更为流畅的工作流程和持续的产品交付。

有一些细节值得注意：

- 有时，在迭代计划会议中，工作项会被分解为较小的任务。在看板方法中，团队在“分析”步骤中执行此分解。
- 一些 Scrum 团队使用迭代计划会议来分配工作项。在看板方法中，当记录卡从展示板上的一个步骤移动到下一个步骤时，才会进行工作项分配。
- 在看板的每日站会上，没有必要问“你做了什么？”和“你接下来要做什么？”，因为这些状态清楚地显示在展示板上。
- 由于看板不断提供生产就绪的产品，客户可以快速查看最新的改进并提供反馈（要么通过直接的客户反馈，要么通过收集到的客户使用模式）。没有要求一定要定期组织迭代评审会，但是，看板团队可能仍会选择组织定期或特别的演示，以展示引人注目的特性，或者获取有关设计决策的反馈。
- 不需要定期的迭代回顾会议。因为如果工作流程或质量出现问题，看板的在制品限制和完成规则将立即阻止任务继续进行。但是，可能出现其他微妙或令人惊讶的问题，这些问题会破坏质量或工作流程。当发生这种情况时，看板团队应该深入讨论这些问题，并且推动其产品、工具和方法的改进，就像它就是 Scrum 团队。

庆祝绩效改进

即使你的 Scrum 团队很容易接受看板并喜欢这种变化，团队成员们仍然可能质疑这种变化是否值得。毕竟，Scrum 非常棒，而且与看板有许多相似之处。你的领导层可能也有类似的担忧：为采用看板方法付出的努力是否值得？（请注意，此部分与第 4 章“从瀑布式方法演进”中的同名部分非常相似。我已将数据和度量值调整为 Scrum 的。）

虽然每个团队都有自己使用看板方法的原因，但你可能想通过向看板方法演进，来提高敏捷性，并且能在更短的时间内为客户提供更高质量的价值。好消息是，度量这些结果很简单。从一开始就进行度量，并且向团队和领导层展示结果如何随着时间的推移而得到改善。这将增强每个人对改变的信心，在此过程中还能提高士气和团队自豪感。

我将重点介绍两个日常度量指标及它们的移动平均值，以帮助度量敏捷性、生产率和质量。我选择了两个特定的指标进行度量——已完成任务数和未解决缺陷数。因为对于 Scrum 和看板方法来说，它们有明确的定义，比较容易计算，并且直接与敏捷性、生产率和质量相关。表 5.2 是对每个度量指标的详细说明。

表 5.2 度量指标

	已完成任务数	未解决缺陷数
定义	当天团队完成验证并解决了所有问题的任务数量	当天团队未解决的缺陷数量
被度量的概念	日常敏捷性	日常缺陷债务
被移动平均值反映的指标	生产率	产品质量
Scrum 的计算方式	统计完成了验证并在迭代结束时解决了所有问题的工作项里的任务数，并且将该数量与相应迭代的结束日期相关联	从缺陷跟踪系统中获取当天团队未解决的缺陷数量
看板方法的计算方式	统计每天团队通过了“验证”完成规则的任务数	每天从缺陷跟踪系统中获取团队未解决的缺陷数量
注意	仅衡量任务完成的生产率，而不是其他日常活动	仅衡量产品质量在已捕获的缺陷数量方面的体现，不考虑缺陷类型

关于度量的说明：

- 如果团队规模差异迥异，应该把以上度量值除以团队成员的数量，从而得到每个团队成员已完成任务数和未解决缺陷数。根据我的经验，这样做可以使度量结果在跨团队间进行比较，但是对于管理团队来说不那么直观。
- 在 Scrum 中，已完成任务数只能以在每个迭代结束时累积的所有任务来计算，因为这是已知的所有任务都经过验证，并且缺陷都被解决的最早日期。然而，如果 Scrum 团队直接将缺陷与任务相关联，则可以将任务数计算到其最后一个缺陷得到解决的那一天。能够这样精确度量当然很好，但不是必要的。特别要指出，这种额外的精确度量对于移动平均值（度量生产率）的计算没有影响，因为只要对迭代的长度进行平均即可。
- 移动平均值可以是度量每周生产率的 7 天均值，也可以是度量每月生产率的 30 天均值，或者你希望的任意时间长度。要比较 Scrum 和看板方法的生产率，应该使用迭代的长度来计算平均值。

图 5.1 和图 5.2 是 4 个 4 周时间段内已完成任务数和未解决缺陷数的示例图（示例图包含在可下载的工作表中）。前 2 个时间段是每 28 天的 Scrum 迭代。后 2 个时间段反映了看板持续运行的时间。这些数据基于我在第 3 章“如期交付”中所使用的团队配置。假定团队每周工作 7 天（为了计算简单，而不是为了惩罚成员），成员的工作节奏在 4 个时间段都是一样的，这是人为设定的，以保证结果是客观公正的（我在整个过程中添加了一些随机干扰，使结果更加真实）。

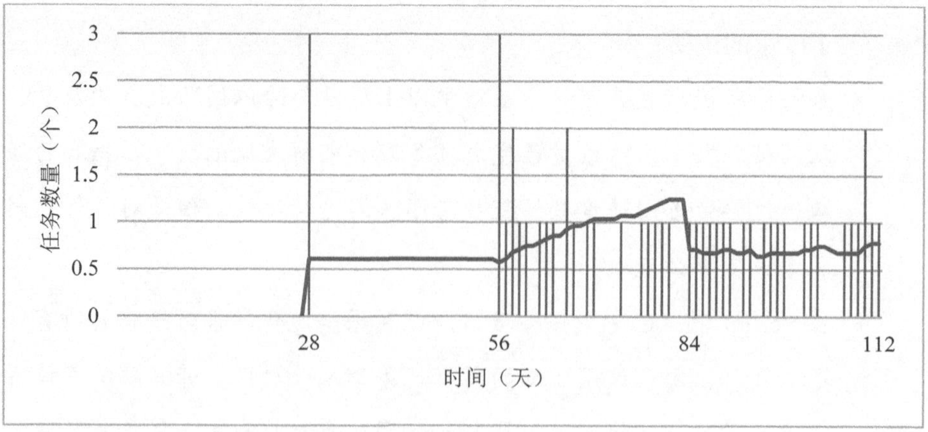

图 5.1　4 个 4 周时间段内已完成任务数和均值

观察图 5.1 中的已完成任务数，可以发现，在前 2 个 Scrum 的迭代里，所有任务都被视为在迭代的最后一天完成。在这 2 个时间段内，已完成任务数的 2 列高度大约是图表高度的 6 倍。我把图表局部放大，以便更清楚地查看度量生产率的 4 周移动平均值。它开始于每天完成大约 0.61 个任务（17 个任务/ 28 天），随着第二个迭代的结果与看板方法相结合，增加到每天完成大约 1.2 个任务。当稳定的看板工作流建立起来后，这一数据稳定在每天完成 0.76 个任务。

注意

Scrum 爱好者可能注意到，第 4 章中的瀑布式的生产率是 0.52，而 Scrum 的生产率为 0.61，比瀑布方式的生产率仅提高了 17%。在实践中，Scrum 的生产率可能远高于瀑布方式（尽管 17%仍然是一个很好的改进）。然而，瀑布式方法的示例从某些方面来说是很理想化的：里程碑很短（9 周）；所有的缺陷会在每个里程碑节点结束时全部被修复（通常不是这种情况），并且示例中没有计算在瀑布式最后一个里程碑结束之后额外的产品稳定期。

从 0.61 个任务提高到 0.76 个，即生产率提高了 25%。这相当于工作 5 天，却完成了 6.25 天的任务——在周末不加班的前提下，比一周多工作一天的产出还多。看板方法的日常敏捷性也显而易见，因为工作是每天完成的，而不是每个迭代批量交付的。

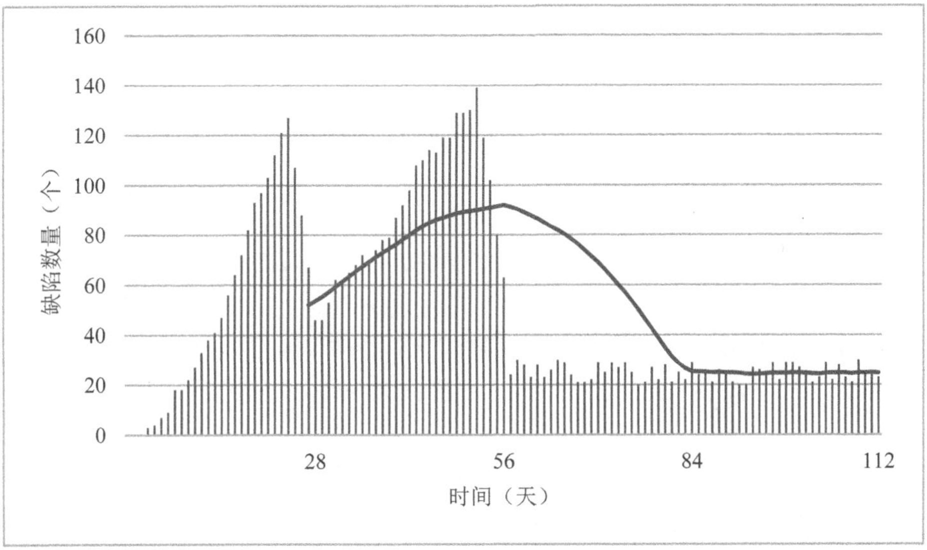

图 5.2　4 个 4 周时间段内未解决缺陷数和均值

图 5.2 展示了一个相当典型的迭代模式，即在迭代期间积累缺陷，然后在迭代结束时才解决这些缺陷。这显示为 2 个倒 V 形，每个迭代对应一个。请注意，Scrum 迭代时间段与第 4 章中显示的瀑布式实施阶段相比，会产生更少的缺陷。一部分原因是迭代时间更短，另一部分原因是 Scrum 团队会尽早发现缺陷。

生产率和质量的显著提高，足以使那些持怀疑态度的团队成员和领导层转变态度。要每周与团队和领导层分享取得的成果，并且予以庆祝（不仅仅只针对你交付的客户价值）。

然而，可能需要一两个月才能看到优异的成果，持怀疑态度的团队成员们肯定会对此有疑问，是时候进入开诚布公的问答环节了。

开诚布公的问答

接下来是开诚布公的问答环节，是基于我在给 Scrum 团队成员介绍看板方法时所遇到的问题而整理的，希望能够涵盖你所遇到的部分问题。

问：我们为什么要从 Scrum 演进到看板方法？

答：软件行业不断发展。看板方法使 Scrum 更进一步，使我们能够持续对产品和服务进行改进，而不用依赖迭代的人为时间边界。

问：但迭代时间盒有助于我们保持专注和敏捷，我们不会因看板方法而失去这一点吗？

答：我们的专注来自通过迭代时间盒的限制，同时处理有限数量的工作项。我们的敏捷性来自在每个迭代结束时完成工作并使其生产就绪。看板方法通过限制正在进行的工作项数量，直接限制我们一次处理的工作项的量。看板方法为每个开发步骤制定了清晰的完成规则，确保每个工作项在完成的那一天都是生产就绪的。我们保持了专注和敏捷，并且去除了人为的时间界限。现在，我们每天都可以收到客户的反馈，每天都可以为产品增值，每天都可以进行改进。

问：迭代会议迫使我们去得到客户反馈，我们不会因看板方法而失去这一点吗？

答：我们需要不断与客户互动，当然不是把我们的时间表强推给客户。看板方法不太需要迭代计划会议、迭代评审会议和迭代回顾会议，但我们仍然应该将设计和决策集中在客户的需求、偏好和追求的目标上。看板方法使我们能够随时随地做到这一点。

问：迭代回顾会议鼓励我们改进，我们不会因看板而失去这一点吗？

答：看板墙、在制品限制和完成规则使问题立即显现出来。没有必要等待迭代结束才来解决我们在工作流程或质量方面遇到的问题。我们不应该等待，应该立即解决与产品和方法相关的问题。看板让我们能够看到问题并在问题发生时解决它们，我们还应该寻求超越团队限制和当前工作方式的改进。持续改进是伟大团队的标志，我们渴望变得伟大。

问：如果没有迭代的保护，我们不会被团队外的利益相关者所干扰吗？

答：领导层、合作伙伴、客户及团队之外的其他人可以提供反馈并影响待办事项的排序，但他们不能打断正在进行的工作，就像在迭代里一样。看板方法的不同之处在于，待办事项列表中的新工作项会不断被团队取出并执行，这使团队能够对利益相关者及其不断变化的需求做出更好的响应。

问：没有迭代计划会议，我们什么时候将特性分解为任务？

答：我们将在工作流的“分析”步骤中将特性分解为可执行的任务。我们的分析师将与客户和其他团队成员合作，以便更好地执行该步骤。他们还将定义任务的产出物和要达到的目标。

问：这些任务是否必须人为地分解成大小一致的呢？

答：不，它们只需要具有相似大小的可交付价值（每个任务通常需要 1~5 天才能完成）。我们只是想避免工作流不被大的、不易理解的、可能无限制的工作项阻塞。

问：我们可以使用白板的照片作为任务详细说明吗？

答：当然可以。任务详细说明可以是详细的文档，也可以是白板上的草图，只要能够简洁明了地描述为了提供客户所需的价值，任务是什么就行。

问：我们所有人不都是分析师吗？在看板方法中，难道不是每个人都要做所有的事情，就像我们在 Scrum 中做的那样吗？

答：在看板方法里，所有团队成员都可以做任何事情，就像 Scrum 开发团队一样。事实上，看板方法中没有 Scrum 中那么多特定的角色（没有特定的产品负责人或 Scrum Master）。做特性分析的分析师也可以实施特性或/和验证特性，或者处理其他特性。使用看板方法，你还可以将特定人员分配到他们擅长的步骤上。团队可以决定如何最好地组织自己，并且可以随时根据需要进行调整。

问：那么谁是产品负责人？

答：使用看板方法，如果愿意，可以保留单个客户代表（产品负责人），也可以邀请尽可能多的客户参与到产品的反馈和决策的制定中来。第 3 章描述了客户和其他利益相关者如何参与规划和产品待办事项列表排序的工作。

问：如果没有 Scrum Master，那么谁可以帮助移除任务的阻塞并邀请客户参与？

答：我们的工作以展示板上的卡片来呈现，会经历 3 个产品开发步骤："分析""实施"和"验证"。在制品限制写在展示板上每个步骤的上方，它为团队设定了正确的节奏。完成规则写在每个步骤的下方，每个人都会看到工作被阻塞堆积。看板方法让每个人都能看到问题，每个人都在移除任务阻塞中发挥作用。由于完成规则可确保产品始终处于生产就绪状态，因此每个人都可以邀请客户参与。

问：我的 Scrum Master 培训还有用吗？

答：你在 Scrum Master 培训中学到的技巧一如既往地有用，它们将帮助你在跨团队和面对客户时有效地工作，你将更好地保持团队的专注和工作效率。看板的不同之处在于，这些责任不会由你一个人承担，而是由你的团队共担。

问：如果没有迭代计划会议，我们如何避免承担过多的工作？

答：我们设定的速度符合我们团队的可持续吞吐量（交付率）。通过在 3 个开发步骤"分析""实施"和"验证"上设置在制品限制，使其吞吐量与我们的可持续速度相匹配，这一速度在 3 个开发步骤上进行了同步（请参见第 2 章"看板快速启动指南"中的详细信息）。当然，随着时间的推移，速度会因为工作和人员的变动而变化。我们可以随时调整在制品限制，以保持流畅的工作流程和持续交付客户价值。

问：限制工作流会不会使我们变慢？

答：我们不是在限制团队成员，而是在限制他们所做的工作项。如果某个特性在"实施"阶段被阻塞了，那么分析再多的特性也无济于事。相反，团队应该努力移除阻塞实施的障碍（例如，澄清规范，升级问题，研究客户偏好，或者聘请专家）。通过专注于保持工作流顺畅，限制工作流，使其保持平稳的速度，我们实际上在短时间内完成了更多的工作。

问：为什么不继续完成下一个任务呢？

答：关键要看被阻碍的"实施"任务的状态：

- 如果任务被外部依赖项阻碍，我们应转为执行下一个任务，直到原任务的阻碍被解除。我们应该将被阻碍的任务记录在展示板上的特殊任务栏中，并且密切关注状态。

- 如果任务被与设计相关的问题阻碍，在理想情况下，应该在团队成员对这个问题还记忆犹新的时候，就解除该任务的障碍。限制在制品数量，将受阻碍的问题可视化，可以防止分析人员忽略这些问题，不任其持续恶化。

这同样适用于被阻碍的“分析”和“验证”任务。与其让问题堆积如山，不如一起努力迅速解决它们。这有助于保持顺畅的工作流，在问题渗透到产品中并变得难以修复之前解决它们，以便更快、更持续地向交付客户价值。

问：记录卡从哪里来？

答：我们会把当前产品待办列表里的每个工作项分别写在卡片上（如果我们还没有这么做的话），并且将它们按顺序放置在展示板的左侧、“分析”步骤之前。当新工作到来或计划变更时，我们将根据需要添加和重新排序卡片。

问：我们还能做探针（Spike）吗？

答：当然可以。我们控制待办事项列表和工作。如果需要一个探针（Spike[①]），我们可以把它写在一张或多张卡片上，根据当前的待办事项列表对它们进行适当排序（通常会放在最顶部），并且一起处理探针。我们可以限制探针的任务卡片的数量，以便将处理探针的时间控制在时间盒内。当探针完成后，我们会继续从待办事项列表的顶部拿取工作项，像往常一样继续正常工作。

问：当一张卡从一个步骤移动到下一步骤时，谁来处理这张卡片？

---

① 探针（Spike）：在敏捷软件开发中，探针是一个在开发团队进行时间盒调研之前无法估算大小的故事。探针的输出是对原始故事的估计。——译者注

答：我们会将工作分配给任何一个当时有时间并且有能力完成这个工作的团队成员（这也是许多 Scrum 团队遵循的做法）。

问：我们已经有一个用来跟踪进度的板了，这是不是代表我们一直在用看板方法？

答：许多 Scrum 团队每天都在跟踪工作进度的展示板面前召开站会。如果展示板上列出了步骤（如“分析”“实施”和“验证”），并且每个步骤都有在制品限制、一个“完成”列和清楚标记在板上的完成规则，那么你就在使用看板方法，否则就不是。

问：为什么每个步骤都需要有自己的“完成”列？

答：假设你刚刚实施了一个工作项（它通过了“实施”完成规则）。如果没有特定的实施完成标记或实施“完成”列，如何标识该工作项已准备好被验证？在普通展示板上，代表这一工作项的卡片将被移至“验证”步骤，但这意味着该工作项正在被验证，并且计入“验证”步骤的在制品限制——而这两者都不正确。更糟糕的是，该工作项不再被计入“实施”步骤的在制品限制，即使“验证”步骤已经不堪重负并需要帮助，你也可以随意开始实施另一个工作项。每个步骤的“完成”列清楚地标识每个工作项的状态，并且结合其在制品限制控制该工作流。

问：谁决定完成规则？

答：团队自己决定将遵循的完成规则。团队知道导致问题的原因，知道如何做好工作，可以决定何时将任务视为完成。一旦团队确定了规则，应该将它们写在展示板的底部，以避免引起歧义。如果规则需要调整，团队可以一起改变它们。

问：使用看板方法后，我们可以使用测试驱动开发和结对编程吗？

答：当然可以。我们可以让成员自己决定使用什么特定方法，或者在完成规则中指定所有团队成员都须遵循的方法。重要的是我们要在我们的实践和规则上达成共识。我将在第 9 章“更多资源及其他”中讨论更多关于使用看板方法和 Scrum 之外的各种方法的内容。

问：使用看板后，有什么其他改变吗？

答：没有其他改变了，直到我们想要做进一步改进。现在，我们会每天站在展示板前面，上面写着我们的工作步骤，显示着我们的工作卡片，每个步骤上有卡片数量的限制，以及在底部标注了当前步骤的完成规则。每当你完成一个步骤，根据完成规则，你在展示板上移动卡片并拿起下一张可开始工作的卡片。如果没有可开始工作的卡片，则表示工作流被阻塞，你应该与团队成员一起解除工作流的阻塞。

问：这实际上听起来没有 Scrum 复杂，那么为什么看板更好？

答：使用 Scrum，我们通过时间盒（迭代）来控制未完成的工作量（正在进行的工作）。这有助于我们灵活、快速地交付价值，并且根据需求变化调整我们的计划。然而，周到的时间盒需要额外的计划，而且不总是能很好地考虑到工作的可变性。看板直接限制了分解后的在制品数量，这样就不需要额外计划，并且使工作顺利流动。同时，任何问题都会立即显现，这样就不会继续恶化并增加额外的成本。基本上，看板在更直接的层面上做了 Scrum 试图做的事情，这使得它更简单、更有效。

清单

以下检查清单可应用于从 Scrum 演进到看板方法的团队：

- ❑ 解释为什么从 Scrum 演进是有益的。

- 向团队成员确保相关调整与进一步细化很相似。
- 根据需要，让团队决定是否将 Scrum Master 和产品负责人的职责分配给更多人。
- 阐明如何使用看板方法演进迭代计划会议、每日站会、迭代评审会议和迭代回顾会议。
- 执行第 2 章“看板快速启动指南”中的任务列表。
- 定期度量已完成任务数和未解决缺陷数，或者任何你选择的有关生产率和质量的指标。
- 庆祝生产率和质量的提高（以及持续交付客户价值）。
- 怀着敬意回答 Scrum 团队成员提出的任何问题，并且对他们使用 Scrum 及看板方法持续改进所获得的所有进展予以赞赏。

第 6 章 部署组件、应用程序和服务

第 3 章“如期交付”描述了如何填充看板墙左侧的待办事项列表，本章将介绍如何部署看板墙右侧的已完成工作。正如良好有序的待办事项可以通过展示板上的各步骤形成平滑的工作流，你的部署方法也会影响向客户持续交付价值。

特性团队完成的工作可以用以下 4 种常见的模式之一来部署：

- 将开发分支的代码集成到主干。此模式通常用于具有集中版本控制的大型项目（以及许多其他类型的项目）。
- 提交一个拉取请求（Pull Request）或将代码推送到代码仓库（通常存储在诸如 GitHub 的主机上）。此模式通常用于开源软件（OSS）和分布式项目。

- 将代码、应用或内容发布到在线目录或商店（如 Google Play）。此模式通常用于应用程序、软件更新和数字媒体。
- 将代码和组件发布到 Web 服务器或虚拟机。此模式通常用于网站、Web 服务和软件即服务（SaaS）。

对于每个模式，我将介绍如何将已完成的工作项分配给部署，如何跟踪工作是否已经被部署，以及看板方法如何影响部署节奏和客户反馈机制。

本章包含以下主题：

- 持续集成。
- 持续推送。
- 持续发布。
- 持续部署。
- 清单。

持续集成

持续集成（Continuous Integration）是一种可追溯到 20 世纪 90 年代初的软件工程实践。这种方法涉及自动化构建和测试，以便让你可以自信地每天将高质量代码变更集成到主干，甚至可以一天多次。

看板天然适合持续集成，因为每天完成的任务都是生产就绪的，它们肯定已经符合集成的标准。如果正在开发的项目相对较小，并且允许随意集成到主干上，团队可以简单地将此集成步骤添加为“验证”步骤的最终完成规则——无须特殊处理。

如果你在一个拥有多个分支和多团队的大型项目中，从分支集成到主干可能需要管控，这是有充分的理由的。因为不同团队的集成可能发生合并冲突或接口冲突，包括调用签名（Call-signature）、模式（Scheme）及协议冲突（Protocal Conflicts）。你需要控制主干的集成，以管理冲突的范围和广度。

图 6.1 展示了管理集成冲突的策略。

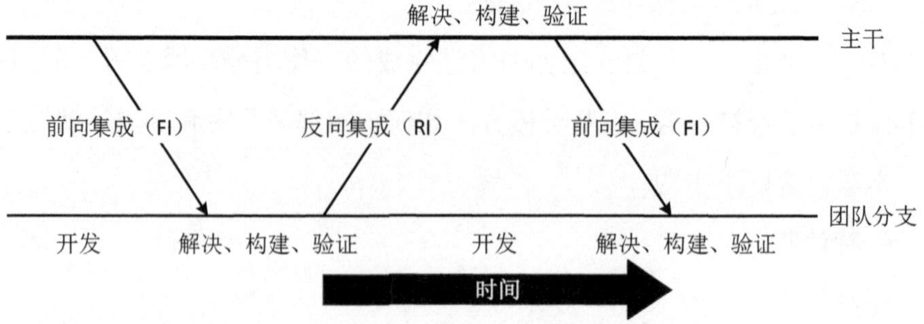

图 6.1　管理集成冲突的策略

- 从主干拉取最新代码前向集成到你的分支。
- 解决合并冲突。
- 对合并后的代码进行构建。
- 验证新的构建以防任何接口调用（调用签名、模式或协议）冲突。
- 将合并的更改反向集成回主干。

如果另一个团队在你仍在验证更改时把他的更改反向集成回主干，则此策略将失效。像这样的时序问题对于拥有数百名工程师的项目来说是很常见的。

大型项目减少时序问题的方法是为来自不同分支的反向集成制定时间表，这样它们就不会彼此覆盖。一种常见的方法是定期（至少每天）进行以下操作（见图 6.2）。

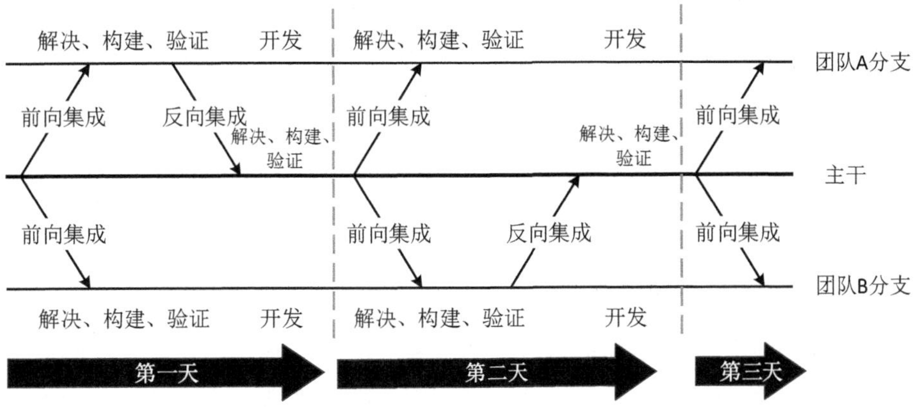

图 6.2 用反向集成制定时间表

- 从主干拉取最新代码前向集成到所有子分支。
- 解决合并冲突，构建子分支，并且验证构建。
- 根据计划的时间及验证结果反向集成子分支到主干。
- 解决所有合并冲突，构建主分支并验证构建。

注意

对于集成冲突的另一种应对方法是用清晰的代码边界将产品划分为组件，坚持特定组件的更改只能在指定的分支中进行。这种方法避免了分支之间的合并冲突，并且允许多个分支同时进行反向集成。（你可能仍然会遇到组件边界处的接口冲突，这可以通过版本化接口来应对。）遗憾的是，人们经常忽略分支规则，所以这种应对方法会因集中式版本控制而失败。然而，对于分布式版本控制，这种方法是很成功的，正如本章后面的“持续推送”一节所讨论的那样。

如果你的项目遵循集成计划，虽然看板墙最右边一列中的工作项已经完成，但在反向集成回主干之前，它们不会被部署给合作团队和客户。我的团队将最右边的“完成”列分成几个区域来跟踪反向集成（见图 6.3）。

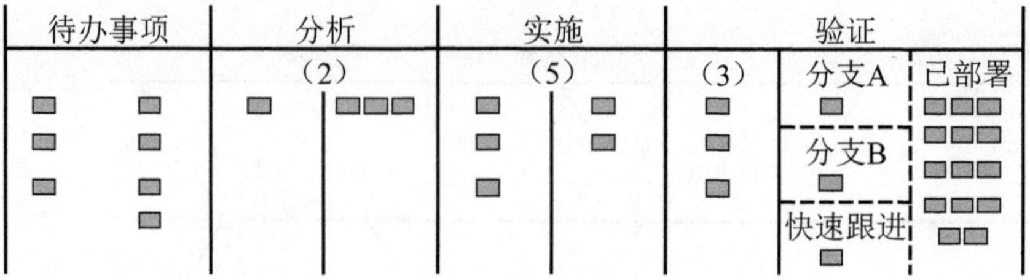

图 6.3 跟踪反向集成

- 我们为每个工作分支保留一个区域。当某工作项完成后，我们将该记录卡移动到对应分支所在的区域。记录卡被保留在那里，直到该分支反向集成成功。
- 我们还有一个专为“快速跟进”保留的特殊区域。里面是需要立即集成到主干中的工作项，一旦就绪，它们就会单独反向集成到主干中。“快速跟进”工作项由控制反向集成计划的人员事先批准。
- 最后，我们有一个很大的区域保留给“已部署”，所有已成功集成到主干的工作项都会移动到这里。

在持续集成的过程中，你需要做一些额外的工作来跟踪反向集成，但是使用展示板右端的这个简单区域可以回答所有合作伙伴和客户的问题：“我们的需求进行到哪里了？”

Xbox 内部实践

在 Xbox One 的初始开发阶段，我们为 Xbox One 平台采用了相当扁平的分支结构（Xbox Live 服务、SmartGlass 及 TV 和 Party 等应用是另外协调的）。

Xbox One 平台有一个主干和几个分支（见图 6.4）。每个分支都有不同的侧重点：一个用于内核和应用平台的颠覆式更改，两个用于构建系统（工具和编译器）的颠覆式更改，一个用于日常开发，一个用于提供给合作伙伴团队的发布，以及一个用于 Windows 更新（Xbox One

平台基于 Windows)。当日常开发分支处于良好状态时，我们每周会多次将其反向集成到主干，其他分支则根据需要做反向集成。

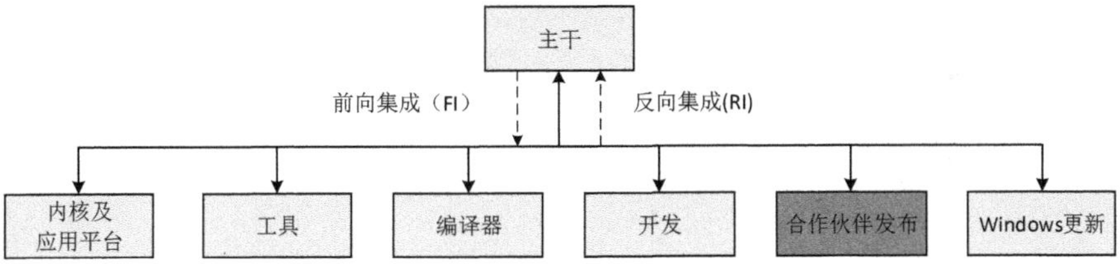

图 6.4　Xbox One

当我们开始每月一次发布平台版本给预览用户和游戏开发者时，我们就将如图 6.4 所示的分支结构更改为如图 6.5 所示的正在使用的结构。在这个示例中，当前月份是 9 月。

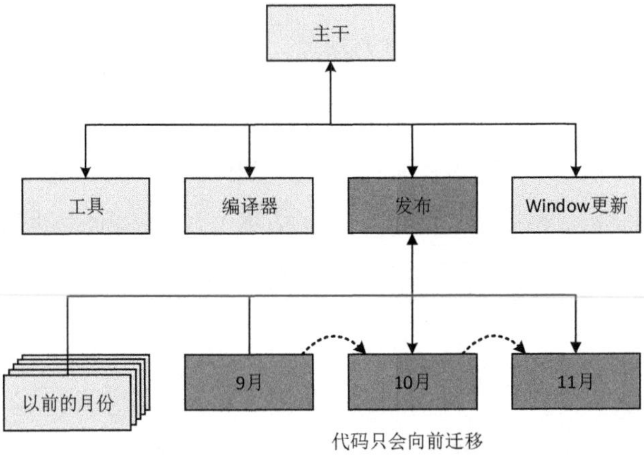

图 6.5　更改后的 Xbox One 平台

我们将几乎所有开发都迁移到月度发布分支上。这些月度发布分支创建在主干下“发布”分支的下面。对当前发布版本的修复在“9 月”分支上进行，计划在下个月发布的日常工作则在“10 月”分支上进行。10 月不会发布的工作则在“11 月”分支上进行。工具和编译器的颠覆性更改仍然发生在主干下的对应分支中，以便将它们与更稳定的“发布”分支隔离开。这样可以在月度发布分支之间迁移稳定的代码，尽管这种迁移只会向前进行。我们保留了以前月份发布版本的原始状态，以备以后需要对它们打补丁。当所有的特性开发工作在“10月”分支上完成后，我们将创建“12月”分支。这样通过简单的代码迁移，就实现了持续循环的月度发布。

持续推送

持续推送（Continuous Push）是针对分布式版本控制的持续集成。分布式版本控制系统（如 Git）允许团队和个人在上游版本控制仓库（repo）的本地独立工作。当个人或团队想要彼此分享他们的进展时，他们会将他们的更改从一个仓库推送（push）到另一个仓库，或者更礼貌地，他们会请求接收人或接收团队将变更从一个仓库拉取（pull）到另一个仓库。

上游仓库通常存储在托管服务上，如 GitHub。当上游仓库的负责人收到来自个人和团队使用的下游仓库拉取请求（pull request）时，首先会验证变更，并且根据验证结果选择完全不接受、部分接受或全部接受。对于大型项目，可以在主机服务上存储多个仓库，每个仓库中有一个或多个相关组件。

与持续集成一样，看板方法自然很适合持续推送，因为你每天完成的任务都是生产就绪的——它们肯定已经通过了推送给上游仓库（或提交拉取请求）的首要条件。就像持续集成一样，当新代码被推送到上游仓库时，大型项目需要应对合并和接口冲突。应对措施遵循一套成熟的模式：

- 从上游仓库把代码拉取到你的本地仓库。
- 解决任何合并冲突。
- 对合并的代码做构建。

- 对新构建做接口冲突验证。
- 将合并后的更改推送回上游仓库（或提交拉取请求）。

就像集中版本控制一样，这里也会有时序问题。如果在你仍在验证变更时，另一个仓库推送了其变更，则冲突应对措施将失效。幸运的是，分布式版本控制允许上游仓库的负责人控制变更流。负责人可以选择拉取请求的顺序，并且可以在其个人仓库或上游仓库中的不同分支中对每个请求分别验证，因此，提交拉取请求的团队可能想要跟踪其请求何时被接受并完成。

你可以通过将展示板最右边的“完成”列按仓库划分不同的区域来跟踪你的拉取请求（见图 6.6）。

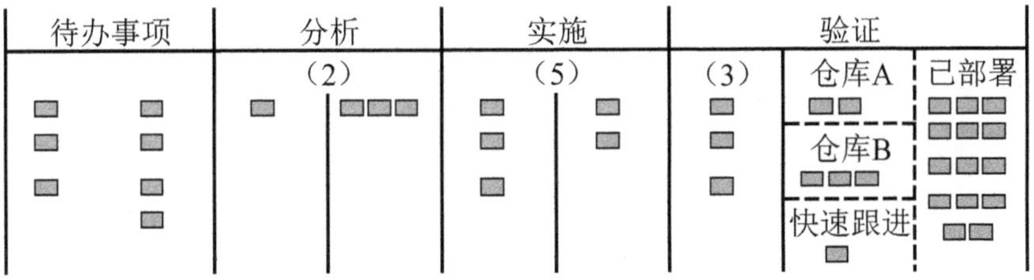

图 6.6　对“完成”列划分区域

- 为每个工作仓库保留一个区域。工作项完成后，将其记录卡移动到与完成工作相关联的仓库所在区域。记录卡保留在该区域，直到拉动请求被接受并完成合并。
- 为快速跟进的工作项保留一个特殊区域。这些是需要立即集成到上游仓库中的工作项。一旦就绪，它们就会被单独拉入上游仓库。需要快速跟进的工作项来自上游仓库的负责人预先提出的请求。
- 最后，最右侧的大块区域用来保留被成功拉入上游仓库的记录卡。

你需要做一些额外的工作来跟踪拉动请求，但是使用展示板右端的这个简单区域可以回答所有合作伙伴和客户的问题：“我们的需求何时可用？”

Xbox 内部实践

Xbox Live 服务和大多数 Xbox One 内置应用（如 TV 和 Party）都是单独开发的，这与 Xbox One 的平台代码是分离的。它们的源代码存储在 Visual Studio Team Foundations Server（TFS）中。每个服务和应用团队单独存储和构建其源代码，并且相当独立地工作。有些团队喜欢使用 Git 进行版本控制，有些则更喜欢 TFS Version Control（TFS 中的集中版本控制系统）。使用 Git 的团队将它们的上游仓库存储在 TFS Git 系统中。

预装在 Xbox One 系统上的内置应用（如 TV 和 Party）必须在系统更新时与操作系统打包在一起。因为每天都会发布更新，所以内置应用的打包会在每晚构建时发生。然而，内置应用和平台是独立更改和构建的，这会产生同步问题。

我们每天早上在内置应用的构建机器上引用当天最新构建的平台 SDK 来构建内置应用，以此来解决同步问题。应用被构建好之后，会在新的 SDK 上测试一整天。在当晚开始打包之前，我们将最近构建的应用同步到平台的打包机器上。但如果当天有人更改了平台 SDK 的应用接口，则仍然会使内置应用有一天的时间不可用[①]。

为了解决一天不可用的问题，我们会在当天的滚动式平台构建（Rolling Platform Build）中检查应用接口是否发生变化。当检测到变化时，我们会用此平台构建作为应用构建机器上所引用的平台 SDK 的补丁。这一步确实很复杂。在理想情况下，应用应该可以独立于平台单独安装，即便内置应用也应如此，SDK 应具有版本化接口。但在 Xbox，我们喜欢快速行动并每天进行更改，因此我们需要做出妥协，既要实现持续交付，又要给应用团队独立开发的自由。

① 因为当天更改的 SDK 接口还没有被最近构建的应用所引用。——译者注

持续发布

持续发布（Continuous Publishing）始于 21 世纪初，当时内容提供商转向网络，并且意识到许多出版物（用户指南、唱片专辑、报纸、期刊和参考书）不再是一成不变的格式。故事截止日期和手册完成终稿这类概念被内容一就绪就发布并根据情况变化和客户反馈不断更新所取代。其他形式的内容，如视频、应用和软件更新，也随着数字下载或流媒体的出现而转向持续发布模式。

看板自然很适合持续发布，因为每天完成的任务都是符合生产质量的，可以随时发布。如果要发布到自己的在线目录或商店，团队可以简单地将此发布步骤添加为"验证"步骤的最终完成规则，不需要特殊的跟踪。

当发布的软件更改（应用和更新）时，许多内容提供商会将初始用户限制为预览用户组或 Beta 用户组。这样，如果出现异常或有未捕获的问题，影响会降到最低。一旦预览用户组或 Beta 用户组使用的新内容没有问题，就可以扩展受众群体。在把优质内容作为奖励给予首选用户时，也可使用这种限制受众的方法。

如果你要将应用或更新发布到第三方目录或商店（如 Google Play、微软商店或 iTunes），则发布过程可能很长且很艰巨，需要将完成的工作累积起来，仅每周或每月发布一次。因此，看板墙最右栏里的工作项可能已经完成，但在最新提交的应用或更新发布之前，它们还没有被部署给客户。你可以将展示板最右栏的"完成"列划分成不同的区域来跟踪待提交的发布（见图 6.7）。

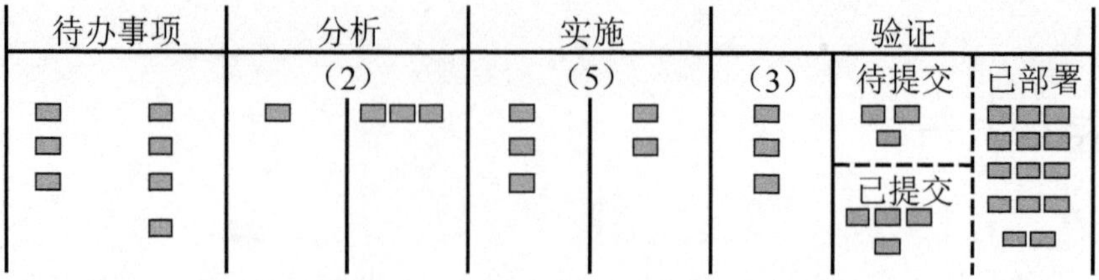

图 6.7　跟踪待提交的发布

- 工作项完成后，将其对应的记录卡移至“待提交”区域。记录卡保留在那里，直到下一个版本的应用或更新被提交。这里不存在在制品限制，因为“待提交”区域是最后一个“完成”列的一部分。当然，如果“待提交”区域工作项过多，可能意味着提交出了问题。
- 提交应用或更新时，将所有待处理的记录卡移至“已提交”区域。
- 最后，提交的应用或更新发布后，将记录卡移动到大块的“已部署”区域。

你需要做一些额外的工作来跟踪提交，但是使用展示板右端的这个简单区域可以回答所有合作伙伴和客户的问题：“我们的需求何时可发布并可用？”

Xbox 内部实践

Xbox 做了大量的持续发布。正如我在前面部分中提到的（并在第 4 章“从瀑布式方法演进”中详述），我们每天发布更新的平台和内置应用给各种预览用户：内部的“狗粮”用户、内部早期采用者和公共预览用户组。我们每月都会在全球发布这些更新。每天我们还在全球范围内发布编辑内容到 Xbox One 主界面、Xbox.com 网站，以及 Xbox 音乐和视频。当然，我们也会不断发布其他更新的游戏和应用，以及针对这些游戏和应用的额外可下载内容。

我们用于持续发布的系统因内容类型而异。应用、游戏和平台更新通过游戏摄取（game-ingestion）流水线发布。音乐和视频在通过 Bing 索引元数据之前会通过编码流水线发布。Xbox One 主界面、Xbox.com 网站、Xbox 音乐和视频内容由我们的内容管理系统发布。

每个发布系统都具有以下特点：

- 可以按需或按特殊时间表（如定时到某特定发布日期）发布内容。
- 可以控制任何内容的受众。这对于处理不同地区针对不同年龄组适合内容的许可和标准尤为重要，同时还有助于管理预览和首要内容。
- 可以针对多种设备管理不同语言的内容。我们经常在 Windows PC，Surface，Windows Phone，Android 设备及 iPad 和 iPhone 上，为 Xbox One 主界面、Xbox.com 和 SmartGlass 发布相同内容。
- 要做如此多的持续发布，拥有一个简单的系统（如看板）来跟踪哪些工作发布到何种目标设备及在何时发布是很方便的。我们也使用 Visual Studio Team Foundation Server（TFS）和发布系统等工具直接跟踪我们的工作，具体取决于每个团队的偏好。

持续部署

持续部署（Continuous Deployment）始于 21 世纪中期，互联网公司通过自动将主干上的构建直接部署到生产环境中，实现了生产率和客户反馈方面的显著改善。在自动化测试之后将构建直接部署到生产环境，可能让长期从事软件开发的工程师和管理人员感到有风险。然而，在实践中，与部署到生产环境之前在预生产环境中做大规模的测试相比，持续部署具有很少的风险和很多优势。

- 与持续发布一样，持续部署会控制受众范围。生产中的新构建最初暴露给非常有限的受众群（可能只是和特性团队一样小）。假设构建功能正常，用户群将分阶段从较大的内部小组扩展到有限的外部小组，再扩展到更广泛的受众，最后扩展到全体公众。
- 持续部署依赖监控和仪表工具来识别新构建何时出错、何时消耗过多资源，或者两者兼而有之。如果没有监控，在问题严重到足以影响客户之前，你不会注意到它们；如果没有仪表工具，你也无法查明构建中的问题并解决它们。有一些框架，如 Microsoft Azure 的 Application Insights，可以帮助你实现监控，得到所需的仪表工具。
- 当然，持续部署依赖部署构建的自动化系统。如果出现问题，部署系统必须能够进行自动回滚（切换回以前的良好版本）。幸运的是，现代云计算提供商（如 Amazon Web Services 和 Microsoft Azure）提供了这些自动化系统。
- 通过控制受众、监控、使用仪表工具及自动部署和回滚，你不再需要预生产环境。这些环境的构建和维护成本很高，而且由于规模、负载、网络、硬件、客户数据、业务数据和配置设置的不同，它们很少像生产环境那样运行。相反，在生产环境中进行测试更理想。
- 通过在生产环境中进行测试，可以更好地确保构建能够在真实生产环境中正常工作，节省了在预生产环境中花费的时间（因为无论如何都必须在生产环境中进行测试），并且可以获得宝贵的早期客户反馈（包括 A / B 测试和其他实验）。

服务中有些领域风险很高，例如，对个人身份信息和货币交易的处理，不经过广泛的测试就不应直接部署到生产环境，这些领域仍然需要在预生产环境中进行测试。然而，这些领域只是整体服务功能的一小部分，即使对于像 Amazon.com 这样的网站也是如此（亚马逊是持续部署的早期采用者）。

注意

我所说的“持续部署”有时被称为“持续交付”（Continuous Delivery）。那些对这两个词进行区分的人用“持续交付”表示仅部署团队选择的构建到生产环境，而用“持续部署”表示自动部署每个构建到生产环境。明确你的团队决定采用哪种方法非常重要。

看板自然很适合持续部署，因为你每天完成的工作项都是符合生产质量的，因此可以进行部署。如果要部署到你自己的独立版本的 Web 服务或站点，你的团队可以很容易地将部署添加为“验证”步骤的最终完成规则——无须进行特殊跟踪。

如果你的团队的工作是大量紧密集成服务的一部分，那么你可能需要将已完成的工作累积起来，每周或每月只部署一次（每天部署的快速修复除外）。因此，看板最右列中的工作项可能已经完成，但在下一次集成部署之前，客户无法使用它们。你可以通过将展示板最右边的“完成”列划分为几个区域来跟踪待处理的部署（见图 6.8）。

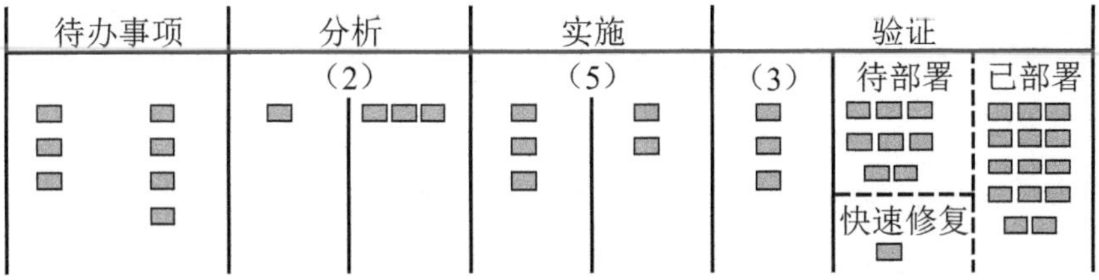

图 6.8　划分区域后的展示板

- 工作项完成后，将其记录卡移至“待部署”区域。记录卡一直保留在该区域直到集成的服务被部署。这里没有在制品限制，因为“待部署”区域是最后一个“完成”列的一部分，当然如果待处理区域堆积的工作过多可能表示部署出了问题。

- 有一个特殊的“快速修复”区域，这里的工作项通常是需要在一两天内解决的针对严重问题的修复，但还没有严重到需要回滚整个部署。
- 将工作项部署到生产环境后，将其记录卡移动到大块的“已部署”区域。

你需要做一些额外的工作来跟踪部署，但是使用展示板右端的这个简单区域可以回答所有相关方和客户的问题：“我们的需求何时会在生产环境中生效？”

Xbox 内部实践

当我在 2010 年第一次加入 Xbox 部门时，Xbox 有 8 个服务环境：开发、签入测试、场景测试、压力测试、跨部门集成、合作伙伴集成、认证和生产。使用所有这些环境，我们每隔几个月部署到生产环境中一次，而目标是每 6 周部署一次。

我的团队当时负责所有微软游戏网站，包括 Xbox.com。我们与 Xbox Live 社交服务小组密切合作。我们的 2 组团队有很多部署问题，开始一次解决一个问题。首先，我们实现了持续集成，接下来是自动部署和回滚，然后是监控和使用仪表工具，之后是控制受众，最后是持续部署。这些变化很难，但在不到 2 年的时间里，我们做到了每 2 周部署一次，以及可以根据需要对快速修复进行每日部署。

我们并不是微软采用持续部署的唯一团队。Bing 和 Ads 在 Xbox 之前已经采用了这种做法。在看到持续部署明显有效，并且自动化、客户反馈、监控和生产测试对于规模化运行现代服务至关重要之后，所有 Xbox Live 的团队也都采用了这一做法。Xbox 现在只有 2 个服务环境（集成和生产），并且可以随时部署到生产环境（一天多次）。

目前新的 Xbox 服务是作为 Visual Studio Team Foundation Server（TFS）中的独立项目单独构建的。我们的 TFS 构建系统针对每个构建自动运行单元测试，根据需要执行本地化处理和签名，然后基于分支（开发分支和生产分支）将每个构建直接部署到其目标环境（见图 6.9）。

因为每个服务都是一个单独的项目，所以我们永远不必担心团队之间的合并冲突。但是，接口冲突仍然存在。这就是我们为每个服务独立做版本化处理，并且将每个服务的多个版本部署到生产中的原因。

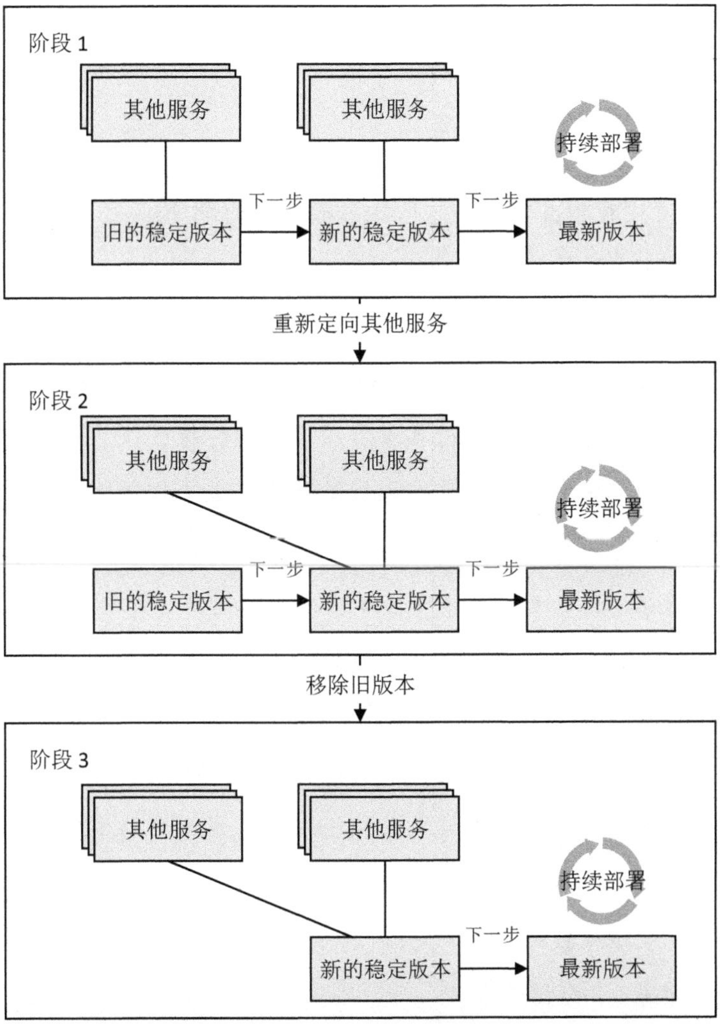

图 6.9　各阶段持续部署流程

通过使用仪表工具，每个服务团队都可以知道其他服务团队正在调用本服务的哪个版本，然后它们可以联系其他团队，让它们知道旧版本的服务何时将被弃用，使其他服务平稳转换为使用该服务更新的稳定版本。同时，它们可以继续部署最新版本而不必担心接口冲突。

持续部署对于我们提供的服务来说是一个出色的系统，支持我们平台和应用的持续发布，支持我们对客户价值的持续集成。

清单

以下是使用看板部署组件、应用和服务的行动清单：

- ❑ 对于变更的持续集成：
  - 遵循团队分支的集成策略，避免合并和接口冲突。
  - 在展示板最右边“完成”列为使用的每个分支划分一个区域，以及一个专为快速跟进各工作项保留的特殊区域。
  - 使用“完成”列的这些区域跟踪已完成工作项的集成。
- ❑ 对于变更的持续推送：
  - 遵循团队仓库的拉取—推送（或拉取请求）策略，避免合并和接口冲突。
  - 将展示板最右边的“完成”列为使用的每个仓库划分一个区域，以及为快速跟进各类变更和已部署的更改保留的特殊区域。
  - 使用“完成”列的这些区域跟踪已完成工作的推送或拉取请求。
- ❑ 对于应用和内容的持续发布：
  - 将展示板最右边的“完成”列划分为“待提交”“已提交”和“已部署”3 个区域。
  - 使用“完成”列的这些区域跟踪已完成工作的发布状态。

- 对于服务的持续部署：
    - 使用提供控制受众、自动部署和自动回滚的服务部署工具。
    - 确保在客户受到问题影响之前，服务监控和仪表工具能够通知到你并指明服务的问题。
    - 在生产中测试服务。如果你的服务需要处理高度敏感的信息，如个人身份信息和货币交易，你可能希望首先在预生产环境中测试变更。
    - 将展示板最右边的“完成”列划分为“待部署”“快速修复”和“已部署”区域。
    - 使用“完成”列的这些区域跟踪已完成工作项的部署状态。

第 7 章 在大型组织中应用看板方法

如果你为一个小型 IT 团队工作，或者工作在一个独立的应用、游戏、服务，或者其他小型独立项目上，那么本章并不适合你。你的工作在某种程度上不受大规模项目的协调、规划、调整、跟踪及其他必要机制的影响，这些机制是用来指导涉及数百或数千名参与者的大型项目的。虽然你仍然需要管理项目预算、善变的客户和领导层，以及源自不同方面的需求变更，但你可以享有独立性，通过看板持续交付客户价值。

如果你在大型组织中管理大型项目，则需要一定的机制来指导、协调和跟踪涉及大量人员的工作。然而，本书不是一本关于高层战略规划、大规模外包，或者传统项目管理的书籍——关于这些主题有很多很好的书籍和资料。本书主要讲述在各种不同的情况下，包括在大型组织内部如何有效使用看板方法。

在大型组织中，不同的团队通常使用不同的项目管理方法。有的特性团队（3~10 人）可能使用看板方法，它们只有很少的技术债务（缺陷、捷径及不成熟的决定），并且始终有生产就绪的代码。另一些特性团队可能使用传统的瀑布式方法、Scrummerfall（依然是传统的瀑布式开发，但结合了短周期、被称为“迭代”的固定长度的里程碑）、Scrum、极限编程（XP），或者其他一些开发方法。根据项目所处的阶段，不同团队可能对质量及共享组件是否生产就绪有着不同的期望，这会造成跨团队之间的合作非常棘手。为了取得成功，团队需要将其待办事项列表与整体项目计划保持一致，调整工作顺序以满足合作团队的需求，将工作在项目里程碑期限内完成，与上一级项目沟通进展情况，当团队依赖的组件质量较差或没有按时提交时需要及时干预，在团队已经完成工作但其他团队仍然处于产品稳定期的时候及时提供帮助。以下内容提供了关于这几方面的建议。

本章包含以下主题：

- 从大型项目前期规划中获取待办事项。
- 根据依赖关系对工作排序 。
- 适应里程碑。
- 与管理层及外部沟通项目状态。
- 对延迟交付或不稳定的依赖项采取应对措施。
- 在产品稳定期内保持生产率。
- 清单。

从大型项目前期规划中获取待办事项

当你管理一个涉及成百上千人的大型项目时，为了实现项目目标，制定项目的愿景和规划是非常重要的。即使是众包项目也同样需要组织原则和架构，让每个人都为项目的共同目标做出贡献。大型项目的概要规划和构架通常采取以下几种形式：

- 最终产品的高层级愿景，可能包括一系列图示、产品功能列表和约束、产品目标客户群及所支持的场景，甚至在项目完成时发布的新闻稿。
- 高层级系统架构，展示出产品的组件和关键要素如何匹配并协同工作，以实现产品愿景。
- 产品开发高层级规划，包括关键事件（如会议、新闻发布或产品发布）的里程碑、主要产品功能集成的关键日期，以及达到度量目标（如性能、规模或参与度）的期望日期（在这里，“里程碑”指的是一个关键日期，不一定是传统的瀑布式里程碑）。

在大型项目开始前创建高层级愿景、系统架构和规划对于项目的成功至关重要，但也可能过度规划了。因为很多未知因素和需求经常发生变化，过多的前期规划往往会导致浪费。反之，即使一些特性团队已经成功创建了它们自己那部分的计划，过少的项目前期规划则可能导致混乱和失败。根据我的经验，你需要适度的规划来组织项目并协调所有相关人员，清楚地知道随着项目进展，高层级愿景、系统架构和规划会随之发生改变。然而，这一章并不是关于创建大型项目规划的（有很多关于这一主题的书籍），而是关于如何在大型项目中应用看板方法的。

在最初的高层级规划就绪后，单个团队需要知道它如何为愿景做出贡献，它做出的贡献如何适应系统架构，以及它的工作如何与项目整体计划保持一致。从这些前期规划工作中，每个团队可以得到待办事项列表并进行排序。让我们从愿景和架构开始。

有两种常见的方法，图 7.1 展示出单个团队如何对愿景做出贡献并适应系统架构。

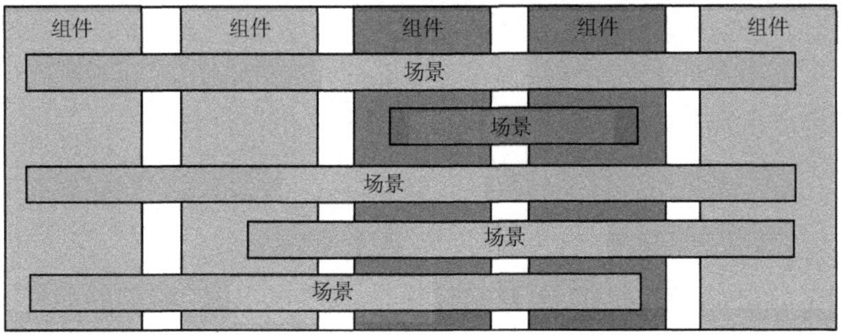

图 7.1 按照场景与组件划分团队工作

- **按照场景划分**。每个团队负责项目愿景中描述的不同场景（如拍照并与朋友共享）。团队根据该场景需要，创建系统架构中相应的组件。其他团队可以根据它们的场景需要对这些组件进行重构和扩展。这种按照场景划分的方法确保了完整的端到端体验，但是由于太多人员参与组件开发，可能导致组件设计不佳。各个团队的待办事项列表是通过将该团队分配到的场景分解为单个特性或用户故事而得到的。
- **按照组件划分**。每个团队负责系统架构中的某一组件（如照片处理库）。负责用户界面的组件团队通常使用低层级组件将愿景中描述的场景整合在一起。这种按照组件划分的方法为团队提供了清晰的边界，也保证了组件的良好设计，但可能不利于团队合作，或导致不完整的端到端体验。各个团队的待办事项列表是通过将团队分配到的组件分解为单个特性或需求而得到的。

小贴士

就我个人而言，我使用混合方法取得了很大成功（如图 7.1 中深灰色区域所示）。为 3~10 人的特性团队分配一组相关组件，以及主要在这些组件中应用的一些较小场景。每个团队在构建场景时创建组件，并且与较大的端到端场景进行协作。由于事先在较小场景上工作，端到端场景往往更适合组合在一起。每个团队的待办事项列表都是通过将其组件和场景分解为特性、用户故事和需求而得到的。

根据依赖关系对工作排序

在第 3 章“如期交付”中，我描述了如何生成待办事项列表、建立最小可行产品（MVP）、对工作排序（包括技术债务）、估算特性和任务、跟踪预计完成日期，以及调整团队大小。在大型项目中的区别是：

- 团队的 MVP 受限于整体 MVP，以及团队所负责的场景和组件任务。只有在领导层和合作伙伴团队的同意下，团队才能跨越这些界限。否则，当领导层和合作伙伴发现计划被擅自修改了，他们可能非常恼火。
- 团队工作的排序在很大程度上受到依赖你和你所依赖的合作伙伴团队的影响。这是本节的重点。

有很多方法可以协调你的团队与其他团队的工作顺序。下面是一些常见方法：

- **自动化方式**。将团队的所有工作项放入项目管理系统（如 Microsoft Project 或 LiquidPlanner），指定依赖项，让系统对工作项进行排序。这种方法看似快速、简单、可靠，但在实践中，准备工作耗时且困难，产生的计划完全取决于手工列出的依赖项。你可能漏掉团队之间细微的互动关系，并且工作项和依赖项的微小变动常常会导致计划发生很大变化。我曾经成功地用这种方法在中型团队（Group）安排主要工作，但是通过这种方法得到的计划太不稳定了，无法用于安排小组团队（Team）的工作。

- **手动、高度依赖工具方式**。将所有的工作项放入跟踪系统（如 Visual Studio Team Foundation Server 或 JIRA），创建查询以了解不同产品领域的情况，并且召开评审会议解决潜在的计划问题。这种方法很有效，但很耗时。对于大型项目，通常会在跟踪系统中放入所有工作项以便跟踪，所以这并不是额外的工作。跨团队依赖关系的排列组合导致了长达数周的跨团队评审会议。通常你需要与不同团队会面两三次，每次一小时或更长时间。一旦确定了顺序，很多团队每周的会面，就像 Scrum of Scrums 会议，根据进度定期调整计划。
- **手动、密集互动方式**。把所有的团队聚集到一起，作为一个大团队一起开会，将未来 6 个月的工作项按顺序排在一面长长的看板墙上（每行代表一个不同的团队，每列代表一个不同的月份）。团队沿着看板墙走过并注意工作项的时间问题（例如，依赖关系顺序是否有错，一个月是否有太多的工作），每 2 个团队一组，召开 15 分钟的会议讨论这些问题（团队报名参加会议）。重新在看板墙上对工作项进行排序，再次边走边检查，重复这些步骤，直到每个团队都对排序满意。这是我个人最喜欢的方法，因为它把即将进行的工作可视化，并且只需要很短的时间（一天或一个下午）。然而，这种方法每次只适用于 10 个以下的团队，而且这种大型会议需要每 3~4 个月重复一次。

这些方法可以在不同规模的组织层级中组合使用。假设某大型组织正在推动一个项目，其成员来自该组织的 16 个大部门，每个大部门下有 8 个中型团队，每个中型团队下有 8 个小组团队，每个小组团队又有 8 名成员，那么这个项目就有 8 000 多人。对于这个示例（见图 7.2），每个层级可能要使用不同的方法：

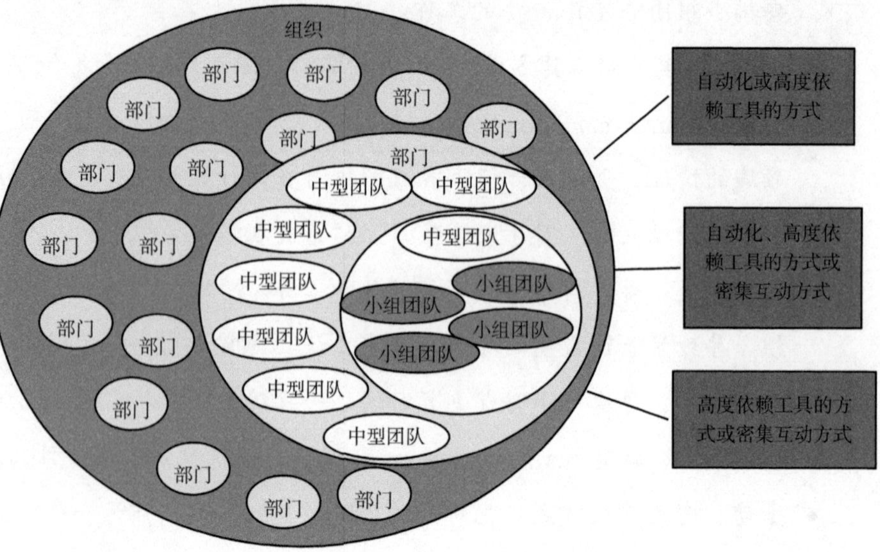

图 7.2　一个大型项目的人员组成

- 要想协调组织中的各个部门，可以使用自动化方式或高度依赖工具的方式，与中型团队经理、部门主管和组织领导层进行协作。工作项是最高层级的（包含端到端场景和主要组件）。领导层根据这些工作项提供的方向，为其部门、客户和合作伙伴设定期望，并且为项目制定里程碑路线图。
- 要想协调部门内的中型团队，可以使用自动化方式、高度依赖工具的方式或密集互动方式，与小组团队组长、中型团队经理和部门主管进行协作。工作项是较高层级的（包含场景和关键组件）。中型团队将根据这些工作项，为小组团队明确优先级和工作顺序。
- 要想协调中型团队内的小组团队，建议使用密集互动方式，与 8 个小组团队中的所有成员、小组团队组长和各中型团队经理们进行协作。这可以在一天内完成工作项的排序，并且允许每隔几个月重新规划。（我观察到许多团队有效地使用依赖工具的方式协调小组团队，包括我自己在内，但这需要更长时间，而且仍然会遗留问题。）

我参与过有 8 000 多人的项目，通常在不同层级采用不同的规划方法。虽然一些纯粹主义者渴望用一个系统安排跨越不同级别的工作，但在实践中这似乎是不必要的，甚至是不合适的（不同的组织规模差异很大），然而拥有一个跟踪系统确实很有用。“与管理层及外部沟通项目状态”一节中讨论了这一点。本章后面的“对延迟交付或不稳定的依赖项采取应对措施”中介绍了相关问题。

Xbox 内部实践

微软的大型项目规划通常是自下而上开始，自上而下结束的。每个小组团队列出它们想做的工作，这些工作列表被收集到中型团队，然后在部门和组织级别进行评审。与此同时，市场调研、产品规划、业务规划和设计部门收集它们希望特性团队完成的高级别工作项。所有这些输入都被构建到产品愿景、系统架构和计划中，然后通过部门、中型团队和小组团队自上而下推送，根据依赖项和其他限制调整计划。最后，每个小组团队都有一个有序的工作列表。

大规模项目的规划通常需要几个月的时间来完成，因此只适用于长期规划和大型项目，例如 Windows 10 或 Xbox One 的首次发布。当微软每隔几年发布一次套装产品时，这几个月的规划时间也给团队提供所需的假期，以及进行原型开发、分析产品问题、改进基础设施并减少各种形式的技术债务的时间。在 Xbox 项目上的这段时间里，长期规划与持续发布和部署并行进行。

我的 Xbox.com 团队使用了密集互动方式，并且做得相当好。我们每个季度只需几个小时就可以重新规划。我目前的团队使用 McGrath 和 MacMillan 的期权组合方法进行战略规划（见图 7.3），根据客户请求和使用数据对看板待办事项进行动态排序。

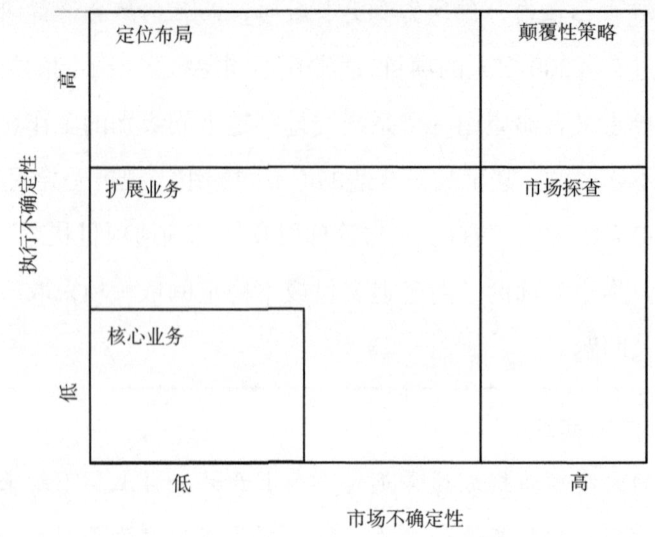

图 7.3 用于项目规划的 McGrath 和 MacMillan 期权组合[①]

McGrath 和 MacMillan 的期权组合方法让你把当前和未来的工作重点放在一个二维网格上。在垂直轴上的位置越高，执行风险（技术或操作）就越大；在横轴上越靠右，市场风险（客户或竞争对手）就越大。左下角倾向于保持当前的核心业务能力，右上角倾向于采取颠覆性策略。战略规划需要一个平衡的投资组合，工作应分布在网格的所有格子里——核心业务部分投资不足会使当前业绩受到影响，边缘部分投资不够会失去未来的商机。每年，我的团队都会花 5~10 小时，在几个星期的时间里，收集所有客户的反馈和技术设想，把它们填充到网格里，找出投资组合，并且与我一起评审。我们发现这是一个快速、简单和灵活的框架，帮助我们洞悉未来、明确动机、预测结果。

① 这里的“期权组合”（Options Portfolio）一词借用金融领域的术语，指对不同类型的项目进行组织级别的战略规划。——译者注

适应里程碑

在团队的待办事项列表被确定并排序后，可以开始使用看板方法向客户和合作伙伴团队持续交付价值。然而，领导层和合作伙伴可能想知道在每个项目里程碑能交付的工作项。如果你不需要提供这些信息，可以跳过这一节及其所涉及的估算工作，因为真正重要的是工作优先级（在“根据依赖关系对工作排序”中有介绍），以及了解工作何时能够交付（包括在“与管理层及外部沟通项目状态”中）。

如果你需要根据项目里程碑来制订工作项的交付计划，请遵循我在第 3 章“跟踪预计完成日期”一节中为每个工作项描述的流程， 具体是这样的：

- 计算团队的任务添加速率（TAR）和任务完成速率（TCR）。
- 估算每个工作项包含的任务数量。
- 对每个工作项及其所有前置工作项的当前任务量估算（CTE）求和。
- CTE 总和除以 TCR 减 TAR 的差值，得到完成每个工作项的估算天数。
- 基于工作项的完成日期，将工作项纳入相应的项目里程碑。
- 如果想要保守一些，只包含预计在里程碑前几周完成的工作项。

图 7.4 展示了用于计算预计完成日期的工作表（你可以下载一份附有公式的 Excel 表格）。

适应里程碑

在黄色高亮区域填写数值

任务添加速率 (TAR)	任务完成速率 (TCR)	开始日期
0.10	0.76	2014/11/3

工作项	任务估算 (TE)	当前任务量估算 (CTE = TE的总和)	距完成剩余天数 (CTE / (TCR – TAR))	预计完成日期
[工作项 1]	4	4	6	2014/11/9
[工作项 2]	6	10	15	2014/11/18
[工作项 3]	2	12	18	2014/11/21
[工作项 4]	5	17	26	2014/11/28
[工作项 5]	4	21	32	2014/12/4
[工作项 6]	1	22	33	2014/12/6
[工作项 7]	3	25	38	2014/12/10
[工作项 8]	3	28	42	2014/12/15
[工作项 9]	5	33	50	2014/12/23
[工作项 10]	4	37	56	2014/12/29

图 7.4　已排序工作项的预计完成日期计算

在本例中，10 个工作项分别包含 1~6 个任务不等，代表了团队依据已经建立的工作项顺序需交付的成果。将任务量估算相加以计算 CTE，然后除以 TCR 减 TAR 的差值，得到完成该工作项及其所有前置工作项所需的天数。将工作项开始日期加上完成所需天数就可以得到预计完成日期。需要注意的是，这个简单的日期计算公式假定 TAR 和 TCR 计算中包含了周末。

小贴士

这些日期估算也可用于计划讨论。例如，使用密集互动方式排序待办事项需要将工作项放在以月份为列的表格中。你可以根据自己的直觉来排序工作项，或者使用这些日期估算形成初步计划。对于预计开始日期，只须使用前一工作项的完成日期即可（虽然是粗略估计，但对于计划来说已经足够准确了）。请记住，所有的估算都要根据复杂项目里需求的不断变化进行重新规划。

与管理层及外部沟通项目状态

对于客户、管理层和合作伙伴团队而言，何时真正完成工作项比估算完成日期重要得多。他们感兴趣的是工作项的当前状态，以便掌握总体进展情况，记录任何意料之外的延迟，提供可能的帮助，并且当有工作项提早或推迟完成时更新计划。

大型组织通常使用在线工作项跟踪系统来监控项目状态，如 Visual Studio Team Foundation Server 或 JIRA，或者在线项目管理系统，如 Microsoft Project Server 或 LiquidPlanner。因为你的团队持续使用看板跟踪工作项，所以不需要额外收集状态信息。团队成员只须每天一次将展示板上的工作项状态与在线跟踪系统同步（可能在每天工作开始或结束时，或者每日站会之前或之后）。这样做很简单，只需要几分钟。

一些在线跟踪系统还可以在虚拟展示板上显示工作项。虽然在线跟踪系统对于大型项目通常是必不可少的，但虚拟展示板并不是必需的，并且可能带来问题。在采用虚拟展示板之前，请考虑以下问题：

- **虚拟展示板是否能显示团队的待办事项，是否在每个软件开发步骤都有"进行中"和"完成"列？**一些虚拟展示板只在最边上有一个"完成"列，这导致工作项过早地在各步骤之间移动，并且根据错误的在制品限制进行计算，从而造成持续不断的工作流问题（详见第 4 章和第 5 章中"开诚布公的问答"部分）。
- **虚拟展示板是否显示你们所选择的在制品限制和每个步骤的完成规则？**系统不需要强制实施在制品限制或完成规则，因为是你的团队在掌控。但是，如果系统能够自动凸显工作流问题就更好了。
- **是否可以快速、轻松地创建新的工作项，在待办事项列表中对它们**

进行重新排序，并且移动到展示板上？这些操作很常见，应该只需要几秒钟（包括在展示板上的操作时间）。如果操作非常烦琐，团队成员会放弃使用展示板，这违背了使用看板方法的初衷，破坏了其有效性。

虚拟展示板其他不错的特性包括为不同类型的工作项设置单独的泳道，跟踪工作项来源和特殊状态的标记，以及帮助规划的各种日期、优先级和估算字段。我特别希望有一个简单工作流，用于支持将工作项分解为任务，并且任务之间以及与原始工作项之间可以彼此关联。

也许我们很快就会有看板墙大小的触摸屏，和实体展示板一样易用且灵活。在此之前，我不建议使用虚拟展示板，除非你有一个分布在不同地方的团队。

对于主要的可交付成果和对 API 的破坏性变更[①]，仅通过在线跟踪系统被动地提供详细的状态是不够的，你需要主动向客户、管理层和合作伙伴团队声明主要的可交付成果和破坏性变更。

主要的可交付成果是值得主动声明的，不是为了虚荣（尽管已经得到了一些赞赏），而是为了向客户、管理层和合作伙伴团队通知新的重要可交付成果可以被大规模地使用和验证了。如果这确实是个主要的可交付成果，那么这些人已经很急切地在等着了。如果你只是被动地在系统里将最后一个工作项标记为已完成，他们会因为没被通知到而误以为这一交付延迟了。

声明破坏性变更非常重要，尤其是对客户和合作伙伴团队而言。这些变更是对 API、文件格式、协议，以及其他打破原有使用模式的接口的更改。在理想情况下，团队通过更新客户端代码和库文件、提供垫片（Shim）[②]

① 破坏性变更指更改后的 API 与之前的接口有重大变化。——译者注

② 垫片（Shim）是一种小型函数库，可以用来截取 API 调用、修改传入参数，最后自行处理对应操作或将操作交由其他地方执行。——译者注

或版本化接口来最小化接口更改带来的影响。这样，只有新的开发会受到影响。然而，有时对正在开发的接口进行破坏性变更是必要的。一份易于理解的正式声明对于保持客户和合作伙伴的好感至关重要。

虽然声明主要可交付成果和破坏性变更并不是看板方法所特有的，但因为看板方法改变了团队工作节奏，这里仍然有必要特别提出。使用传统的瀑布式或 Scrum 方法，团队通常在里程碑或迭代的边界点完成主要可交付成果或集成破坏性变更，而使用看板方法，这些事件会持续不断发生，因此养成好的沟通习惯甚为重要。

Xbox 内部实践

Xbox 使用 Visual Studio Team Foundation Server（TFS）作为大型项目的在线工作跟踪系统，跟踪客户的需求、场景、特性、用户故事、任务和缺陷。TFS 很好地服务于这个目的，并且有一个很好的 Excel 界面， 这对于像我这样的 Excel 极客来说是个福音。TFS 支持工作项层级结构，这使我们能够将任务与特性、用户故事联系起来，而这些特性、用户故事又与场景和客户需求联系起来。除了惯用的一些字段包括任务分配、优先级、级别、领域、状态、标题、描述、历史情况等，我们还要跟踪目标发布时间。尽管通过其他字段可以记录工作项完成时间，但是目标发布时间字段会记录工作项何时可以交付给客户。

我们通过电子邮件向 Xbox 内部通信组发布主要的可交付成果。听到重要的新功能即将发布总是令人兴奋的。在通常情况下，这些公告会带有详细的描述，甚至会有一个简单直接的问答，就像我在本书第 4 章和第 5 章末尾提供的那样。对于组织来说，明确知道每个可交付成果中包含什么和不包含什么非常重要。

我们甚至使用过更广泛的通信列表来发布 Xbox 的破坏性变更。破坏性变更的发布遵循一个结构化的模板，该模板列出了变更的名称、影响评级(低、中、高)、摘要、变更原因和联系人。在 Xbox One 发布前的一年里，每周都有很多条关于破坏性变更的信息发送出来。在推出一年之后，这个数字降到每月不到一条。

对延迟交付或不稳定的依赖项采取应对措施

即使你仔细地和合作伙伴团队协调工作顺序，定期提供团队交付的状态，并且定期接收外部依赖项的状态，工作流仍然可能因为依赖项的延迟交付或不稳定而受到显著影响。不管使用什么产品开发方法，依赖项的延迟交付对计划的影响都具有级联效应。这一小节将讨论在看板方法中有效处理依赖项的策略。

不稳定的依赖项对 Scrum 和看板团队来说尤其麻烦。除了推迟任务的完成日期（就像延迟的依赖关系所做的那样），不稳定的依赖项还会暴露团队之间的文化差异，这常常会导致沟通中的挫败、紧张和失效。本节提供了建设性地处理不稳定的依赖项的策略。

延迟交付的依赖项

当团队所依赖的场景或组件延迟交付时，团队负责的场景和组件工作也将被延迟，进而导致工作链下游的团队工作延迟。如果这条依赖链是项目关键路径（限制整个项目长度的工作项链）的一部分，那么一个团队的逐天延迟会导致整个项目的逐天延迟。

可以通过看板方法的以下几种方式有效处理依赖项延迟交付的情况：

- 按照“看板快速启动指南”（第 2 章）“常见问题”部分中的说明，将被阻碍的工作项放在看板“实施”步骤的“跟踪”列中。每天，被分配在阻碍工作项上的团队成员会报告这些工作项的进展情况。

当阻碍问题解决以后，这些工作项将重新进入实施阶段。

- 为你所依赖的工作项创建一个简单的伪实施(Fake Implementation)，类似于模拟对象（Mock Object）。不同于模拟对象是为了在单元测试中使用，伪实施可以用来消除下游团队遇到的实施阻碍。伪实施可以有意做得不完整、不完善——它只须包含足够的特性，足以用来验证关键场景和组件，并且消除其他团队对你的依赖。创建伪实施时，还需要创建一个用于删除它的新任务，并且将该任务的卡片放在“实施”步骤的“跟踪”列中。一旦你的上游合作伙伴团队完成了真正的任务，你就可以删除这一伪实施，并且进行验证，确保版本仍然正常工作。伪实施可能只对处于项目关键链上的工作项才是值得的，因为需要做额外的工作来创建并最终废弃它。
- 在依赖项的前一个稳定版本和延迟的预期未来版本之间编写一个垫片。垫片就像一个伪实施，但是因为它是构建在一个正常工作的旧版本基础之上的，所以功能更加强大。和伪实施一样，你需要创建一个新任务来删除它，并且在上游合作团队完成了真正工作以后验证完整的新版本。
- 协助上游合作团队，甚至可能直接接管你的依赖项工作。因为你与所有合作团队分享整个项目的成功与失败，帮助它们完成最高优先级的工作始终是个应该予以考虑的选择。然而，承担另一个团队的工作在政治上和技术上都是具有挑战性的，甚至还可能威胁到未受到延迟依赖项影响的那部分待办事项。如果有特定的情况确实需要你介入，你要与你的合作团队进行讨论，在需要的方面提供帮助。

处理依赖项延迟可能令人沮丧并导致额外的工作，但这些工作是不可避免的。采取有建设性的行动以避免对下游团队的影响，将对每个人都有帮助。请记住，很可能有一天造成延误的人是你。

不稳定的依赖项

当上游依赖项不稳定（不完整，存在许多质量问题）时，对于团队来说，这与依赖项延迟是一样的。如果你所依赖的场景或组件还没有生产就绪，那么就无法分析、实施和验证你的工作是否生产就绪。然而，即使上游团队承认交付物还不稳定，它们可能仍然会认为这个交付已经完成。这种观点上的根本差异可能导致挫败感，造成团队关系紧张，产生误会。

你的上游依赖团队可能因为以下原因认为不稳定的交付物是已经完成的：

- 由于人员配置不当、错误的实践、疏忽的领导，或者这些因素的混合，导致合作团队低质量地交付。团队成员可能很优秀，但他们的交付是不可靠的。
- 该团队可能遵循传统的瀑布模式，其中分析、实施和验证是批量进行的。团队可能在单个场景、特性、用户故事或组件实现后，在验证之前就将其视为已完成。团队成员可以使用“编码完成”或“特性完成”等术语来描述其当前工作状态。(“测试完成”和“发布候选”里程碑可能间隔几个月的时间。)
- 该团队可能已经尽最大努力完成了对自身工作的验证，但因为上游依赖项的不稳定，导致团队的最终交付结果不稳定。
- 该团队可能面临来自客户、合作伙伴或领导层的巨大时间压力。也许团队成员正在为一个重要的演示或重要事件做准备。该团队正在匆忙交付成果，不得不降低质量以满足时间要求。
- 该团队可能已经降低了质量标准，以满足团队成员认为正确的项目规范。观察其他团队后成员们发现，绝大多数团队都认为经过简单验证的代码已经足够好了，可以交付了。

你的团队可能不认同其他团队的做法或它们对“完成”的定义，但处在一个大型项目中，不太可能改变其他团队的工作方式。

注意

其他团队可能并不赞同你们交付生产就绪的场景和组件的做法。它们可能希望更早得到你们的代码，甚至在验证完成之前，或批量交付，而不是小批量交付。它们可能不想被要求在前期就提供高质量的可交付物，期望在后续的项目整体稳定期内再进行验证。你可能认为其他团队是低效的（从交付客户价值的角度来看，你是正确的），但考虑到最初对可交付物质量的预期较低，这些团队可能反过来认为你们效率低下。这些差异可能让双方感到不安，但请记住，你们是一起参与项目的，与其他团队合作是一个互谅互让的过程。

即使你不能就质量要求和工作方法与合作团队达成一致，那么至少可以与它们就这些问题达成共识。询问每个团队其可交付物的质量标准，询问它们如何定义通用术语，如“完成”“已完成”和“已就绪”。告诉它们从你这里可以得到什么样的可交付物，以及你如何定义通用术语。将定义展示在你的团队和其他团队成员都能看得到的在线系统中或某个实体展示板上。预先设定明确的期望可以有效避免项目后期的挫折感和团队间的误解。

小贴士

如实告知合作团队你对“完成”“已完成”和“已就绪”的定义，不要表现得态度傲慢或居高临下。这只是你的工作方式，而不是对价值观的判断。傲慢和居高临下的态度往往不受欢迎，而基于事实的描述加上高质量的工作会给人留下好印象。谦逊的态度和对客户价值的重视会为你赢得更多的尊重。

如果你依赖的上游团队将“完成”“已完成”和“已就绪”定义为完成

代码编写，但远不能达到生产就绪的要求，那么你需要采取措施来解决这个问题。下面提供了一些方法：

- 将不稳定的依赖项视为依赖项延迟来处理（如我们在本节前面介绍的），包括在展示板上使用单独“跟踪”列，创建伪实施或垫片，甚至协助上游团队完成该依赖项的工作。这种方法在项目的早期阶段效果最好，因为这个时候你还有时间去做一些计划外或额外的工作。
- 如果你的工作是构建在不稳定的依赖项基础上的，有必要先使用伪实施和垫片来满足项目对时间的要求。采用这种方式需要创建一个新任务来移除伪实施和垫片，并且在上游团队将依赖项稳定以后再次进行验证。这种方式多在项目后期采用，因为在项目后期不能再有任何延迟。
- 用较低的质量标准来定义“验证”的完成规则。例如，你可以将“工作已经部署到生产环境，大量真实客户已经进行了试用，发现的所有问题都已解决”替换为“工作成功集成到主干，基本测试用例已通过，发现的所有问题都已被记录到缺陷跟踪系统中”。入乡随俗的方法远不够理想，但在某些情况下，这可能是最务实的解决方案。
- 推动你的上游合作团队，使它们的可交付物生产就绪。对于每个出现错误的场景、特性、用户故事和组件都一一记录缺陷；让你的合作团队参与到缺陷解决中；推动缺陷得到及时解决，以满足承诺的交付日期。这些方法是有效的，但如果你的合作团队为此抱怨并将问题升级，你就需要得到主管的支持。

我的团队曾采用过以上所有方法。对于不稳定的依赖项，我倾向于将它当作依赖项延迟的情况对待（参见第一种方法）。

遗憾的是，时间压力有时会迫使你只能在不稳定的依赖项上开始实施，降低质量标准，或者成为上游合作团队的训导员。这些方法往往会给项目带来更多的工作和风险。如果每个团队都将“完成”定义为“生产就绪”，就可以在没有额外工作和风险的情况下交付同等的客户价值。然而为了确保整个项目的成功，承担额外的工作和风险是值得的。在一个大项目上与其他团队一起工作要秉持灵活性与合作精神。

Xbox 内部实践

当我的团队负责开发微软游戏网站（包括 Xbox.com）时，我们处于服务栈的最上层，因此有许多依赖关系。我们所依赖的各个 Web 服务团队使用的项目管理方法各不相同，依赖项有时延迟交付，有时不够稳定可靠。

针对服务的延迟或不稳定性，我们采用了 3 种应对方法：

- 推迟工作，直到我们的依赖项功能正常。除了记录我们发现的服务团队可交付物的缺陷，我们还指派了项目经理密切与服务团队合作，确保它们明确知道我们对计划和质量的要求。
- 为缺失的或不稳定的服务创建伪实施。即使真正的服务上线，我们仍然继续使用这些伪实施。同样，我们记录了所有的缺陷，并且确保项目经理与合作团队密切沟通。
- 我们自己来实现必要的服务功能。只有在少数情况下，例如，服务团队缺少资源，或者我们自己的需求优先级比服务功能更低，我们才这样做。这个方法应用起来很难，需要团队之间充分互信。所幸的是，我们一直努力与其他团队建立良好的关系，这对我们很有帮助。

当我在游戏网站工作的末期，我们被要求创建在线认证和购买流程，这些流程可以嵌入应用程序里（在线网页托管在应用程序中）。这是令人兴奋的新工作，需要与应用程序团队紧密集成。这些团队使用 Scrummerfall，时间非常紧迫。它们对于“完成”的定义局限于基本功能测试通过（远未做到生产就绪）。我们紧密合作，然而对于“完成”的定义不同是不可行的。时间紧迫，应用程序团队在推动进度，我们只好改变自己团队的验证完成规则，将其定义为“基本功能测试用例通过，并且将发现的所有问题记录在缺陷跟踪系统中”。这让我的团队成员感到很不舒服，但最终我们按时交付了成果。

我目前的团队接近平台和服务栈的底部，所以我们的大多数合作伙伴团队都依赖我们。我们通常按时或提前交付，很少出问题。在我们确实要依赖其他团队的情况下，我们会将它们迟交或将不稳定的工作视为延迟提交并进行跟踪，或者依靠我们强大的团队合作来完成工作。

在产品稳定期内保持生产率

在大型项目即将结束时，通常会有一个较长的稳定期，尤其当大型组织中的许多团队使用 Scrummerfall 或传统的瀑布模式时。在稳定期内，整个组织都专注于修复缺陷，执行各种形式的系统验证，记录所有新的或重复出现的缺陷。由于场景和组件延迟交付或集成测试不充分造成的影响，大型项目的稳定期有时会比其余部分所需的总时间还要长。不仅如此，整个场景、特性和组件不得不经常被从产品中移除，这意味着浪费了大量的工作。但是，如果工作没有就绪，这个步骤是必需的。

在一个使用看板方法的团队中，你在开发新特性之前就完成了现有特性，并且完成规则确保了做完的工作项是生产就绪的，即使你的合作团队不这么做。因此，在一个漫长的涉及整个组织范围的稳定期内，看板团队几乎没有什么问题需要解决，也没有什么东西需要移除的。然而，即使团队已经实现了稳定期的主要目标，保持工作效率也很重要。

如果在产品稳定期内发现团队所负责的部分出现缺陷，应立即将解决缺陷作为首要任务。然而，在剩下的时间里，对于一个没有太多缺陷需要修复的看板团队来说，可以安排下面几项工作：

- 继续在即将发布的版本上进行新的开发工作。这可能破坏项目规则，因此不是个好的选择。你应该事先与项目管理层和领导层协商，就可以做什么及在什么条件下开始做达成共识。
- 开始下一个版本（或其他项目）的工作，将代码提交到其他源代码控制分支上，但是这也可能破坏项目规则，或者让其他团队感到不快。通常，可以由一部分团队成员先开始这部分工作，这不会引起太多关注，其他成员可以继续在当前项目上工作。
- 进行创新型实验，创建新的原型，并且获取客户反馈。这也可能让其他团队感觉不适。在一般情况下，一部分团队成员可以工作在创新项目上，但他们依然要对项目中其他成员所做的努力给予应有的尊重。
- 改进基础设施和工具集，解决被忽视的技术债。这种工作总是受欢迎的，但同样很容易因为一个高优先级缺陷的出现而被打断。
- 对你和你的团队成员进行新技术和新方法的培训。像改进基础设施和工具一样，自我提升也是一项有回报的投入。
- 确定之前遇到的缺陷的根本原因，并且寻找解决方法。这项工作正好适应产品稳定期的需要。
- 帮助其他团队稳定代码，特别是你所依赖的合作团队。这个工作很可能不太吸引团队成员，但是最能够帮助团队之间建立良好的关系。

清单

这是一份在大型组织中应用看板方法所需的准备工作的检查清单：

- ❑ 了解组织中未来主要产品的高层级愿景、系统架构和规划。
- ❑ 决定团队以何种方式实现高层级愿景，以及如何适应高层级架构：
  - 按照场景。
  - 按照组件。
  - 按照组件，但对相关小型场景负责（混合式）。
- ❑ 在组织范围内的最小可行产品（MVP）中建立团队级别的MVP。
- ❑ 与合作团队协作，排序团队的工作。可以采用自动化项目管理工具，基于工作项跟踪系统的评审会议方式，或者密集互动的团队会议方式。
- ❑ 使用当前任务量估算（CTE）、任务添加速率（TAR）和任务完成速率（TCR），将团队需要交付的成果（工作项）纳入高级别规划的里程碑中。
- ❑ 决定何时及如何将看板上任务项的状态与组织级别的工作跟踪系统同步。
- ❑ 选择与组织管理层沟通的方式，确定当团队完成主要的可交付成果或对接口进行破坏性变更时如何发布消息。
- ❑ 在“实施”步骤中，在看板上为那些被延迟或不稳定依赖项所阻碍的工作项创建“跟踪”列。
- ❑ 在看板上添加新的卡片，用以跟踪为延迟或不稳定的依赖项而创建的伪实施和垫片，同时添加相匹配的卡片，用以在之后删除这些伪实施和垫片。

- 与合作团队讨论如何定义通用术语，如“完成”“已完成”和“已就绪”，并且将其展示在你的团队成员和其他团队成员都可以看得到的在线系统中或某个实体展示板上。
- 讨论如果特别重要的依赖项已经延迟或不稳定时，团队将如何应对。
- 在长稳定期内，为团队规划适当的和有建设性的活动。

第 8 章 持续工程

作者：James Waletzky

向客户提供产品或服务的大多数团队，在产品或服务发布后，需要执行软件维护的工作。一个有效的团队，即使在开发时最大限度地减少了缺陷的产生，发布后的缺陷修复也是不可避免的。即使是成熟的团队也会面临这样的问题，需要同时给计划外的维护工作及产品路线图（Product Roadmap）的特性（新开发）进行优先级排序和进度安排。那么，想要在新特性开发时更好地避免这些干扰［以下称为“持续工程”（Sustained Engineering，SE）］，有什么有效的模式吗？我相信你已经猜到了——看板。

我推荐的用来处理发布后缺陷的看板模式，涵盖如下几个方面：所参与的团队需要定义好角色和职责（产品支持、产品管理和产品开发），确定持续工程的负责人，并且设置将使用的支持级别。为了满足高效协作的需求，团队可以使用分诊（Triage）和“快速解决”会议等方法来帮助管理事故升级（Escalation）的维护工作。你可以使用展示板，和其他适当的物理和软件跟踪工具一起，用特定的看板工作流程来跟踪事故升级和缺陷。我将在本章中探讨这个模式的各个方面。

本章包含以下主题：

- 定义术语、目标和角色。
- 确定持续工程的负责人。
- 设置支持级别。
- 协作以提高效率。
- 实施持续工程工作流程的看板。
- 看板方法。
- 常见问题。
- 清单。

定义术语、目标和角色

在讨论如何用看板方法帮助持续工程之前，我在本节中提供了一些团队需要考虑的几个主题的背景。首先，我列出了在持续工程中需要达成共识的一些术语，以确保在支持、开发和持续工程团队中得到一致使用。接下来，我列出了组织在进行持续工程时面临的一些挑战和目标，以便大家了解看板如何提供帮助。最后，我描述了需要澄清的角色和职责，以便不同的团队能够对谁将参与其中达成共识。

通用术语

表 8.1 提供了可供跨团队使用的通用术语和定义。

表 8.1 通用术语表

术 语	定 义
缺陷（Bug/Defect）	与产品预期的偏离。缺陷可能被核心工程团队修复，并且发布给用户
核心工程团队（Core Engineering Team）	一个跨职能团队，由业务分析师/项目经理、软件开发人员、质量保证（Quality Assurance，QA）工程师、用户体验工程师及任何有助于提供产品或服务的人员组成
事故升级（Escalation）	一个客户支持人员无法轻易解决的事故，需要核心工程团队帮助
补丁程序（Hotfix）	一种缺陷的修复。在缺陷被发现后这个修复通常会立即发布给少数客户
事故（Incident）	一个客户报告的软件问题。客户支持团队负责所有的事故并管理其结果
服务包（Service Pack）、更新（Update）	作为一个总体发布的一组缺陷修复和补丁。定期发布的团队使用服务包的频率较低
支持级别（Support Tiers）	客户支持组织通常按支持级别进行细分：第 1 级，负责与客户第一次接触和对事故进行全面跟踪；第 2 级，可能拥有较长的调查时间；第 3 级，代表着执行深层次详细调查的一个技术团队

挑战和目标

在处理发布后的缺陷时，工程团队通常会面临以下挑战：

- 客户的问题需要很长时间才能解决，因为有许多相互竞争优先级（并且有时候是不断变化的）的工作。
- 工作的优先级很难确定。在解决客户问题和推动产品路线图之间，确定团队该如何做出选择。
- 计划外的维护工作难以预测和计划。如果按照预定日期发布是组织的目标，那么预测团队在修复缺陷和添加新功能这两个方面分别花费的时间非常重要。

- 客户支持团队不了解核心工程团队工作的进展。在问题转移到核心工程团队之后，客户支持团队希望随时了解问题的状态。
- 工程团队在孤岛中工作，不会定期与合作团队（如客户支持团队）进行协作。
- 核心工程团队没有动力修复缺陷。开发人员通常会被添加新功能和解决新问题所吸引，修复缺陷不被视为“有趣”的任务。

通过看板，你可以应对一系列的挑战，诸如以上所列。持续工程的目标，以及在各种情况下如何通过看板来提供帮助，包含以下内容：

- **最大限度地减少团队的干扰**。通过明确持续工程团队的角色和相应的职责，团队能有效地处理事故升级并最大限度地减少干扰。
- **快速做出决策**。正如在前几章中所看到的，看板方法不需要举行计划会议。当有事故升级时，它们被放入排好序的列表中。因此，客户支持人员和潜在用户可以看到他们的问题如何被排序。
- **以正确的方式解决合适的问题**。强制按照优先级排列的工作项列表，可以确保团队始终致力于最重要的事情。从看板的工作流程沿袭下来的完成规则，保证了工作质量。
- **可视化正在进行的工作**。有权查看展示板的人，都可以快速查看哪些问题位于优先级列表的顶部，哪些问题正在解决或已完成。
- **最小化正在进行的工作项的数量**。如前所述，看板方法强加的在制品限制确保了核心工程团队专注处理一系列重点问题，而不是随机地处理问题，导致工作完成遥遥无期。
- **频繁交付**。客户问题需要快速解决。在软件即服务（SaaS）模式中，可以快速部署修复程序，一次解决多个客户的问题。看板系统的整体流程有助于频繁地发布。
- **衡量持续工程的效率**。看板提供了一组指标，你可以使用这些指标衡量你的团队在处理事故升级方面的表现。所有相关方都可以看到这些指标。

- **改善与客户支持的协作**。通过将流程与看板工作流程协同起来，核心工程团队可以直接和支持工程师一起工作，解决用户问题，一起协作进行工作的优先级排序。
- **提高团队积极性**。因为整个过程一目了然，所有的输出都有度量，因此团队有效推动问题解决的积极性也会增加。

这些目标是如何实现的？首先要把合适的团队和合适的人放在合适的位置。

定义角色和职责

以下是关键的相关方及其在持续工程中的职责：

- **客户支持团队**。该团队与客户直接联系，并且对客户报告的任何问题负最终责任。支持团队会与某位核心工程团队的成员合作，处理任何需要解决的事故升级。
- **产品管理团队**。产品管理（Product Management，PM）团队负责产品路线图，也负责对向工程团队提出的任何需求进行优先级排序。对工程团队的需求进行过滤的人可能是该团队里的一员（如业务分析师或项目经理）。
- **核心工程团队**。这个跨职能团队由业务分析师/项目经理、软件开发人员、QA 工程师、用户体验工程师及任何有助于提供产品或服务的人员组成。核心工程团队负责对问题进行详细分析。

确定持续工程的负责人

首先要考虑的是，是否要成立专职的持续工程团队，或者在核心工程团队中指定专门的持续工程人员，或者由核心工程团队负责持续工程。每个抉择都有各自的优点和缺点。

- **专职的持续工程团队**。拥有一个全权负责处理事故升级和发布后问题的团队，可以使核心工程团队能够专注于推动其在产品路线图上前进。在这种模式中，核心工程团队的看板包含最少的干扰。但是，持续工程团队的全职成员可能觉得自己不如核心工程团队的成员那样出风头，积极性可能也比较低。因此，必须为持续工程团队制定正确的个人和系统激励措施，并且必须把建设持续工程团队当作组织文化的重要组成部分。有效的人员配备策略有：招聘到的新员工会先在持续工程团队工作数周或数月再转入其他团队，或者将核心工程团队的成员轮换到持续工程团队，或者聘请全职成员。

小贴士

我建议招聘到的所有新员工从加入持续工程团队开始，以便让他们熟悉产品。让核心工程团队的中高级成员轮流担任持续工程团队的技术负责人，以便提供教练和指导。一些工程师会发现他们喜欢应对持续解决问题的挑战，并且希望继续留在持续工程团队。

- **专职的持续工程人员**。此人是核心工程团队的一员，专门负责处理事故升级，不做产品开发的工作。该模式的一个优点是，同一个团队致力于清理可能由其产生的发布后的问题。此外，专职的持续工程人员一直在团队中，可以快速获得帮助。但是，这个角色可能并不令人垂涎，有奖励的轮岗计划可以提供帮助。
- **核心工程团队负责持续工程**。在这个模式中，收到的事故升级与团队的其他任务一起在展示板上进行排序。优点是解决问题的人通常是最资深的人。此外，该团队能感受到解决发布后问题的痛苦，因而有动力去防止缺陷发生。缺点是团队可能经常被事故升级干扰，阻碍其在产品路线图上前进。

我曾经根据具体情况使用过 2 种模式：

- 如果核心工程团队刚刚开始使用看板，并且需要解决大量技术债务（包括缺陷和重构任务），那么在质量得到有效控制之前，最好有专职的持续工程团队。该模式可以让核心工程团队在减少技术债务的同时，改进其开发实践，以便减少未来可能发生的问题。该模式也将良好的习惯灌输给之后将加入核心工程团队的工程师。同时，其余的工程人员可以继续为客户提供新的价值。
- 对于技术债务可控的团队，我更喜欢核心工程团队负责持续工程的模式。该模式鼓励个人对质量负责，进行根本的系统性的改进，而不是局部打补丁修复。

现在，合适的团队结构和角色已经就位，那么，看板如何为持续工程服务呢？让我们看看它们在一起是如何工作的。

设置支持级别

中型到大型组织通常会设置至多 3 层支持级别，以提供最佳的客户体验，并且最大限度地减少对核心工程团队的干扰。图 8.1 显示了这个模式和一个典型的工作流程。我将着重介绍第 3 级，当事故升级到核心工程团队时如何操作。

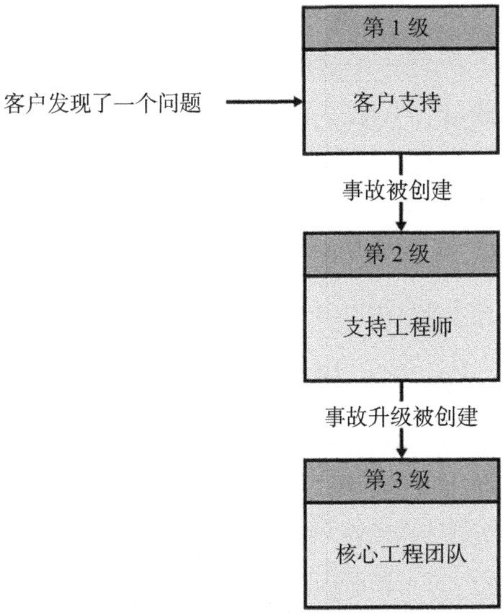

图 8.1　一个三层级的客户支持系统运作的模型

第 1 级

客户通过电话、电子邮件或在线系统与客户支持代表联系，报告了一个产品问题。随后，一个事故被创建了。如果事故被实时解决了，事故将被关闭，不会升级到下一级。

第 2 级

在提出初始请求之后，需要跟进的事故会分配给长期的支持工程师，所有请求的历史处理信息会包含在内。之后的活动可能包括后续跟进的电话或电子邮件、日志文件分析，以及其他用于故障排除的数据的检索。如果需要进行更深入的技术调研，事故将升级到第 3 级，通常涉及核心工程团队。

第 3 级

如果事故通过升级到达核心工程团队，那么是时候在工作跟踪系统里记录这些工作了。对于使用基于纸质信息展示板的看板团队，事故会被放到物理展示板上。对于使用项目跟踪工具的看板团队，会创建一个新工作项并将其和客户支持系统中的事故绑定。不过，在这个时候，新工作项还未被排序（详见下一节“协作提高效率”）。

注意

较小的组织可能只有 2 级支持——一个面向外部的支持层，直接面对客户，而核心工程团队则可以提供更多解决技术问题的帮助。随着业务的增长，核心工程团队不得不处理更多的支持请求，这时，可以在前 2 个层级之间创建第三个层级。然而，在采取这一步骤之前，重要的是，要了解核心工程团队被如此多请求干扰的原因，例如，是否可以解决通用的质量问题，以帮助最小化支持请求。

协作以提高效率

持续工程需要跨角色协作以达到最高效率。有 2 种有助于促进协作的结构化技术——分诊和快速解决会议。

分诊

分诊（Triage）这一术语来自医疗行业，指的是在急诊室，根据评估患者受伤的严重程度，确定哪些患者优先接受治疗的一系列步骤。对于收到的事故进行分诊是软件团队确定哪些问题需要核心工程团队注意及优先处理的最佳实践。

我建议在核心工程团队开始处理任何问题之前，分诊小组审核所有的事故升级，以确保最重要的问题首先得到关注。

注意

Triage 来自法语 trier，意思是“分类”。这个词可以追溯到 18 世纪晚期，当时法国军事外科医生 Baron Dominique-Jean Larrey 开发了一个系统，用于为治疗在克里米亚战争的战场上受伤的人员进行优先级排序（见 https://en.wikipedia.org/wiki/Dominique_Jean_Larrey）。这个概念涉及优先治疗最紧急的病例，原则是只考虑受伤者能否被救活。随着概念的发展，所有的病例会先经过一个工作流程，该流程使更有能力处理该病例的医生接手。这个类比很适合用在软件开发中。个人或团队最初负责确定任务的优先级，然后其他团队（如开发团队）接管合适的任务并解决问题。

分诊团队通常由客户支持团队的代表、产品经理（或业务分析师或项目经理）、开发组长和 QA 组长组成。分诊团队的主要目标是防止对核心工程团队产生干扰。具体而言，分诊团队执行以下操作：

- 在不需要其他核心工程团队成员介入的情况下，回答关于变通措施以及解决方案的可行性问题。
- 移除重复的事故升级。
- 验证提供给处理事故升级的数据是否足够。
- 在看板墙上，对收到的事故升级按堆进行优先级排序。
- 对任何立即被确认为缺陷的事故升级，建议用什么方式将修复发布给客户，如作为客户补丁程序发布或通过通常的服务包发布。
- 确保跨团队同步新的事故升级及正在进行中的任何事故升级。

分诊会议通常每周进行 2 次，但根据收到的事故升级的数量或严重程度，分诊会议的频次可以更少，也可以更频繁。在产品刚发布的时候，事故升级的数量可能很多，因为支持团队还在了解产品的细节，有更多的质量问题被发现。

在分诊会议之后，新的工作项被按堆排序到展示板上的适当位置。

正如团队在其物理展示板或使用的项目管理软件上可能标示“需求”或“用户故事”等工作项类型一样，我建议你也标示“事故升级”工作项类型。这种做法可以帮助跟踪与不知道如何使用产品和实际质量问题相关的指标。

注意

在微软，分诊是根植于文化中的。我工作过的每个团队都会开不同频次的分诊会议。随着发布日期的临近，针对内部发现的问题每天会有多达 2 次的分诊会议。你在微软工程团队中几乎找不到一个不知道分诊意味着什么的人。我建议你也将分诊的实践融入你的文化中。

快速解决会议

作为分诊会议的补充，快速解决会议的目标是在核心工程团队开始处理事故升级之前，快速缩减事故升级队列。你可以将此会议看作“2.5 级”级别的支持。鉴于分诊会议的目标是确保有足够的信息可用于排序和解决事故升级，快速解决会议的目标是快速解决那些不需要更改代码的事故升级。

讨论每个工作项的快速解决方案的时间不应超过 5 分钟。此会议的参与者与参加分诊会议的人员相似，不过建议邀请更多的主题专家（对产品的技术和功能非常熟悉的开发人员或 QA 工程师）。每周一次快速解决会议的节奏是合适的，有助于防止后续的工作流程受到干扰。

实施持续工程工作流程的看板

核心工程团队可能选择在总看板墙上跟踪事故升级和缺陷，但是，专职的持续工程团队使用的看板墙会看起来有点不同。展示板的重点是事故升级和缺陷，而不是定义新产品。在图 8.2 所示的展示板中，事故升级与缺陷被分开（通过使用第二行），以反映它们是工作流程略有不同的不同类别的工作项。事故升级可能不会成为缺陷，缺陷也不一定是从事故升级转化而来的。

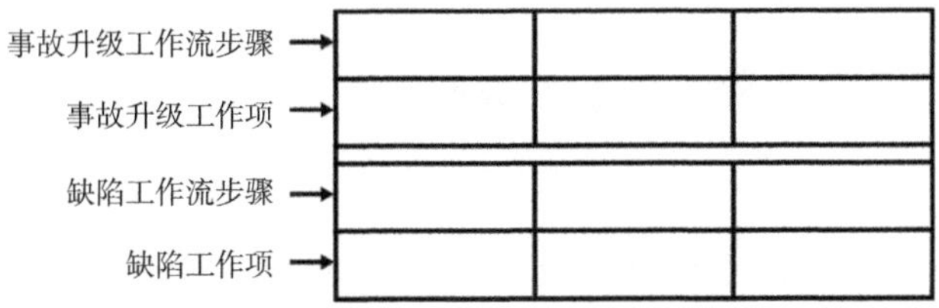

图 8.2　持续工程的分类展示板

工作项通常从事故升级开始，并且通过拉动系统运行，直到问题被确定为产品的缺陷，或者已得到适当的回复，然后被关闭。如有必要，产品的缺陷会被创建，在这种情况下，工作项将在缺陷这一行中重新开始。

以下各节中描述的工作流程基于专职的持续工程团队，但无论你使用哪种负责人模式，这些概念都适用。

事故升级

用来跟踪持续工程事故升级的典型展示板如图 8.3 所示。

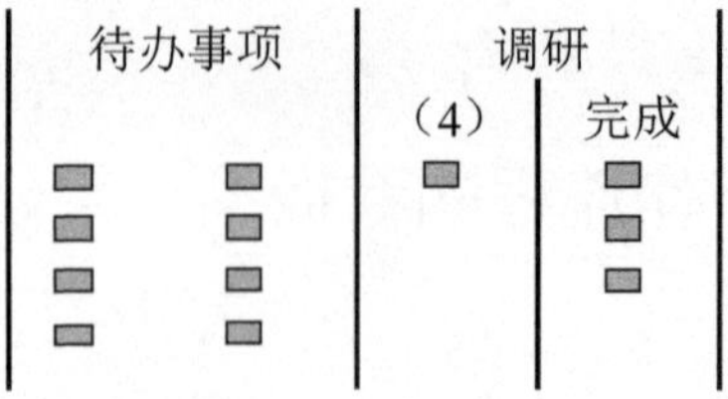

图 8.3　事故升级展示板

这个展示板看起来与前面章节中显示的略有不同——有新的步骤名称，并且只有一个步骤，但它用起来与之前的完全一样。如前几章所述，定义工作项何时可以从一列移动到另一列（完成规则）非常重要。

事故升级的待办事项列表是已经分诊过的、按堆排序的列表。已经过分诊是向此列表中插入工作项的先决步骤。当团队成员准备开始调研下一个工作项（假设在制品限制允许有额外的工作），团队将工作项从此列表中拿出。

“调研”列可跟踪正在被调研的问题。典型的活动包括澄清事故升级，尝试重现问题及确定合适的临时解决方案。事故升级调研的完成规则是：调研结果已更新到事故跟踪系统中，客户已被通知，已创建了用来避免未来发生类似事故的任务（如编写知识库文章），以及已经把发现的所有产品缺陷添加到了展示板的第二列。你可以根据需要，修改完成规则。

缺陷/其他

用来跟踪持续工程缺陷的典型展示板如图 8.4 所示。

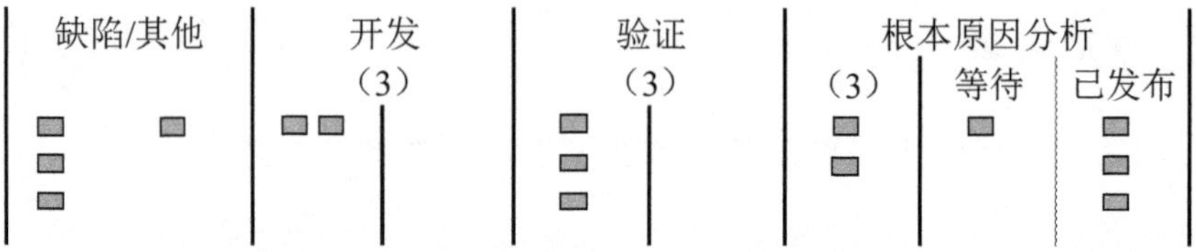

图 8.4　跟踪缺陷的展示板

缺陷/其他待办事项列表是一组按堆排序的列表。缺陷来自之前的事故升级或在分诊会议后直接添加到此待办事项列表的问题。请注意“其他”类别。“其他”类别中的工作项的一个例子是小的产品改进（如改进软件中的日志记录），它将使持续工程更有效。另一个例子是操作改进，如使团队更高效的诊断工具。

“开发”列反映了开发人员或 QA 工程师为了解决该问题需要完成的工作。对于产品发布后的缺陷，在进行“验证”步骤前，强烈建议增加自动化测试来验证改动。很有可能之前并没有关于该问题的自动化测试。随着时间的推移来增加测试覆盖率是最佳实践。

我建议使用测试驱动的开发方法来修复缺陷。首先，写一个符合预期行为的单元测试（或集成测试）。由于缺陷的存在，该测试会执行失败。其次，修复缺陷，然后再次运行测试。这次，测试应该通过了。最后，根据需要重构，以便清理和修复相关的代码。对于可测试性不好的遗留代码，这种方法并不总是可行的，但你应该尽最大努力降低风险。“开发”步骤的完成规则是：“所有相关的单元测试已经通过，包括验证修复的新单元测试；修复程序已由其他人在另一台机器上测试通过（通常是 QA）；集成测试已被适当增强以验证未被覆盖的区域。”

“验证”列表示团队成员（可能是 QA 工程师）需要通过在自动构建上运行一组验收测试来验证缺陷的验收标准。（你确实拥有自动构建，对吗？）“验证”步骤的完成规则是“已满足所有验收条件并解决了发现的所有问题”。

根本原因分析是为了确定缺陷能从核心工程团队的检测中逃逸的原因。这个步骤可以识别出一系列操作改进，以防止未来向客户发布类似缺陷。你可以将此方式作为“开发”或“验证”的完成规则的一部分，但我更倾向于在工作流程中使用一个特定的步骤来表示，使其更明显。改进的例子包括：定义更严格的验收标准，修改开发实践（如代码审查或单元测试程序），在类生产环境中进行测试，或者在向更广泛的受众发布之前增加一个用户验收测试阶段。实施持续改进的行为通常在精益和敏捷开发圈里被称为持续改进（Kaizen）。

注意

Kaizen 是日文单词，意思是“良好的改变（good change）”，但它通常被翻译为“持续改进（Continuous Improvement）”，特别是在商业世界中。Kaizen 包含了观察问题，理想情况下会使用周期时间等指标来观察问题，确定问题的根本原因，进行更改以解决问题，监控和测量结果，以及无限重复该过程。建议在团队文化中，建立一种持续改进的心态，并且在个人和团队层面上，每天进行一些小改进。

改进可以通过简单的根本原因分析来识别，例如，使用“5Why 分析法”（http://en.wikipedia.org/wiki/5_Whys）或我个人最喜欢的 Six Boxes（http://www.sixboxes.com）。Six Boxes 提供了一个根本原因分析和解决方案的框架，通过关注期望和反馈、工具和流程、激励、动机、选择和任务（能力），帮助你不囿于表面症状，进行深度分析。根本原因分析的完成规则是“分析已经完成，并且建议的操作改进被放到持续工程团队的待办事项列表或反馈给核心工程团队，使其被包含在它的待办事项中”。

“等待”区域表示缺陷及其他基于代码的工作项已完成，并且已经被纳入正式的构建，正在等待发布。一个缺陷可能单独发布或可能与其他工作项一起发布。当工作项发布到生产环境时，它们将被移至“已发布”区域。你可以根据“等待”区域中的工作项的数量来决定是否触发一次发布。

与任何看板的实施一样，没有唯一正确的方式来定义工作流程。本节中介绍的工作流程是推荐的开始起点，但你可以对其进行自定义以适合你的流程。例如，根据持续工程负责人模式，你可以以不同方式设置展示板。

如果核心工程团队负责持续工程，你可以在同样的展示板上跟踪团队的所有工作。另外，设置单独的展示板可能产生过多的开销，你可以选择按照记录卡的颜色或卡片上的符号来区分事故升级和工作项。

看板方法

如第 2 章“看板快速启动指南”中所述，物理展示板是可视化工作流程的最佳工具。但是，在某些情况下，软件工具可以作为物理展示板的有效补充。例如，当团队希望使用缺陷跟踪系统促进跨团队之间的沟通，以满足公司的规范；或者在分布式团队中，成员之间不可能每天进行面对面的互动。

满足这些目的可以使用的一个工具是 Microsoft Team Foundation Server（TFS）。TFS 提供了合适的方式来可视化展示板，但你可能被其限制，无法实现与物理展示板一模一样的效果。你也可以自定义展示板，如创建事故升级类的工作项。诸如 JIRA 之类的工具也提供了类似的功能。

任何工具都应该让你的工作更轻松、更高效，否则，我们为什么要使用它呢？我建议你把看板的实施放在同一个工作项跟踪系统中，用来跟踪同样的工作项或其他开发工作。例如，用一个与其他工作项隔离、只跟踪缺陷的缺陷跟踪系统来记录缺陷，会导致效率低下和重复。根据 DRY 原则——不要重复自己（Don’t Repeat Yourself），大多数冗余都是“可恶”的。

在理想情况下，客户支持系统和工程团队的工作项跟踪系统应该是集成在一起的，这样的话，原始的事故和事故升级的工作项可以关联在一起。当核心工程团队在处理工作项时，客户支持人员可以查看该工作项的状态，核心工程团队也可以查看支持团队所做的更新。为什么客户支持团队和开发团队不使用相同的系统呢？因为两个团队的需求是不同的。

客户支持系统更面向外部，记录了不同于内部系统的数据集。例如，外部系统会记录客户的联系信息，而内部系统则关注修复何时发布及如何测试。根据系统的不同，可以使用集成器/插件来集成这两者。即便在最差的情况下，大多数这种类型的系统都有一个有文档说明的 API，持续工程团队可以开发一个桥接器将它们联系在一起。这种集成对于持续工程团队来说可能是一个有趣的项目。

如果你的团队想要使用物理展示板（推荐），但组织要求在软件工具中跟踪工作项，请尽可能避免冗余：

- 将软件上记录的工作项内容打印到物理卡片上，将其贴到墙壁上、窗户上或白板上进行跟踪。
- 指定一个人，确保在团队每日站会后更新软件系统中的工作项。

常见问题

本节介绍了使用看板实施持续工程可能导致的一些常见问题。

问题：核心工程团队被客户支持提交的事故升级淹没了，待办事项列表不可持续

看板可以很容易地显示团队必须处理的事故升级和缺陷数量。过多的事故升级可能揭示了一个或多个问题：

- 支持团队过度依赖核心工程团队。可以使用分诊团队来帮助核心工程团队免受干扰，确保只有恰当的事故升级才能送达核心工程团队。
- 解决困难的事故升级导致前置时间长。可以改进诊断工具（如跟踪和日志记录），以帮助解决更多的技术问题。
- 为客户和支持组织提供的帮助或文档不够。核心工程团队应该在发布之前花一定的时间向相关方介绍新功能。

- 产品发布后的质量问题。本着持续改进的精神，与核心工程团队合作，改进流程，提高早期发布的质量。

问题：我们是一个新的持续工程团队，不知道该怎么设置在制品限制

从某个数字开始就可以了。团队成员一起来讨论在制品限制，对第一次尝试的数字达成共识。随着时间的推移，你可以根据自己的经验来调整在制品限制，直到团队成员能够一致同意他们找到了合理的值为止。考虑定期举行回顾会议，以进行团队持续改进的实践，并且在这些回顾会议中对在制品限制进行改进（你可以在第 2 章找到有关在制品限制的更多信息）。

问题：展示板上的等待区域有大量的工作项

幸运的是，你正在使用看板，因此你可以很快看到没有发布给用户的修复。团队可能需要考虑更频繁地更新版本，或者以更快的节奏来发布，或者采用额外的可下载的更新形式。如果更频繁地更新版本受限于诸如缺少自动部署步骤之类的问题，那么请优先考虑改进操作，以消除这些瓶颈。如果持续工程团队完成的工作项没有快速发布给客户，那么持续工程团队为保持客户满意度所做的出色工作还未完全实现。

问题：客户支持团队不断向核心工程团队询问未决问题的预计完成日期

核心工程团队应该将未解决的事故升级的进度尽可能透明。团队的工作一目了然地显示在展示板上，鼓励所有利益相关方提供工作项排序的意见。客户支持团队可以随时从持续工程团队获取更新成果。此外，通过让客户支持代表加入分诊团队，为待办工作项的优先级排序提供输入，客户支持团队和开发团队之间的协作变得频繁且更高效。知道持续工程团队正在使用看板，支持团队相信问题将尽快得到解决。

要进一步提高事故升级完成日期的可预测性，只须测量工作项的平均前置时间。前置时间可以通过各种方式来衡量，例如，从客户支持故障单的处理开始到处理结束之间的持续时间，或者从将事故升级添加到核心工程团队的待办事项列表到修复被部署之间的持续时间。为了简单起见，可以拿一些过去几周的工作项样本来计算平均前置时间，使用这些数据作为预计完成日期的基础。你可以使用更高级的统计方法，绘制一个代表不同类型的工作项的前置时间范围的直方图，然后分析这些前置时间的分布，以确定更准确的交付率。这种类型的分析是服务水平协议（SLA）的良好输入，可为预期的升级和问题解决时间创建高可信度协议。

问题：团队在为维护工作做计划时遇到问题，因为不知道会收到多少个事故升级

许多团队都在为计划外的工作而苦恼，这恰是看板如此优秀的主要原因。它不需要计划下一个迭代；相反，它可接受不可预测性和相应的堆叠排序。大量的待办事项可能需要你和其他人设定正确的期望，但是透明的待办事项列表和展示板有助于展示核心工程团队的能力和吞吐量。

问题：一个专职的持续工程团队正在修复缺陷，但每个修复创造了更多的缺陷

遗留代码可能很脆弱，并且缺乏自动化回归测试。当一个工作项被修复时，破坏其他代码的风险很高。要降低此风险，请执行以下操作：

- 将开发人员从核心工程团队转到持续工程团队，让其将技术知识传授给其他团队成员。
- 要求核心工程团队举办学习研讨会，让其传授知识。
- 实践测试驱动的开发方式以修复缺陷（如前所述），随着时间的推移建立单元测试。添加更多的测试，有助于将风险降至最低。

- 给核心工程团队的资深成员分配时间，参与持续工程团队完成的高风险的代码修复审查。

问题：持续工程开发人员没有动力修复缺陷，团队士气低落

作为持续工程开发人员，其工作可能不受重视，即使这个角色对组织的客户满意度非常重要。一些可能有用的方式包括：

- 让最高领导层传达持续工程团队的重要性，以及对提高客户满意度和客户留存度产生的益处。
- 招聘的新员工从持续工程团队开始工作，这有助于保持积极性和士气。
- 记录团队对业务的总体贡献。看板使工作可视化更容易。由于与客户支持的关系，持续工程团队比核心工程团队更了解客户。
- 对外宣传在持续工程团队工作是了解产品和客户的绝佳方式。了解产品或产品组合的广度对任何开发人员都是非常有益的（也是具有挑战性的）。
- 为团队起一个有趣的名字，以便向缩短持续工程问题的前置时间和完成周期时间发出挑战。例如，我工作的一个团队以惰性气体（Argon）命名，因为团队能够在客户的压力下保持冷静。
- 创建团队的愿景和使命。
- 在待办事项列表中放入有趣的项目，尤其当事故升级和缺陷的数量较少时。这样可以改进操作，不仅可以帮助持续工程团队，还可以帮助核心工程团队。核心工程团队会喜欢持续工程团队所做的这些改进，两个团队的关系将更加密切和谐。
- 向持续工程团队的待办事项列表里加入一些小的功能请求，以某种独立的方式向产品添加功能，如插件模型。

注意

在微软，Windows 客户体验团队（也称为“Windows 持续工程团队”)已经开始让开发人员不仅要修复关键问题，还要添加一些小功能，以增强操作系统的可用性。例如，可以更轻松地打开和关闭特定功能，否则的话，这些功能隐藏在系统设置中，很难被找到。

问题：一些团队成员不参加站会，因为他们不在同一产品上工作

拥有产品组合的组织必须支持所有产品。一个由支持多个不同产品的开发人员组成的持续工程团队可能效率不高，除非每个开发人员都工作在所有的产品上。可以考虑将较大的持续工程团队划分为较小的团队，每个团队都有自己的看板。

清单

以下是你的团队使用看板实施持续工程时的操作清单：

- ❑ 建立一个通用术语表，以便始终如一地使用“事故升级”和“事故”等术语。
- ❑ 定义并记录客户支持、产品管理和核心工程团队的角色和职责，以实现有效协作。
- ❑ 确定持续工程的负责人，使用专职的持续工程团队或核心工程团队中专职的持续工程人员，或者将核心工程团队的事故升级与其他工作放在一个待办事项列表里（与持续工程无关的工作)。
- ❑ 定义支持级别，以澄清支持团队、持续工程团队和核心工程团队之间的事故升级的工作流程和协作。
- ❑ 对收到的事故升级进行分诊，以尽量减少对持续工程的工程师的干扰，使他们只处理重要的问题。

- ❑ 使用快速解决会议快速减少不需要更改代码的事故升级队列。
- ❑ 使用看板实施持续工程工作流程。用展示板上半部分跟踪事故升级，用展示板下半部分跟踪缺陷和其他相关工作的进度。
- ❑ 明确定义看板工作流程的完成规则。
- ❑ 在修复缺陷时进行根本原因分析来加以改善（持续改进），防止将来出现类似的错误。
- ❑ 必要时使用工作项管理工具，但优先考虑物理展示板。集成了客户支持系统和工程工作项跟踪系统的工具可以提供很多帮助。

第 9 章 更多资源及其他

本书前面的各章介绍了看板方法的方方面面。你可以使用看板制订计划并按期完工；可以使用看板来适应传统的瀑布式或从 Scrum 演进；可以持续集成和推送组件，持续发布应用程序和内容，并且持续部署服务；甚至可以在大型项目和组织中使用看板，实施持续工程。

一旦对看板方法有了真正的了解，你可能想到以下几个问题：

- 我可以把看板用于我做的任何事情吗？
- 哪些实践适合看板？哪些与看板不兼容？
- 为什么看板这么有效？
- 我能否超越看板做得更好？

本章对更多的相关资源进行了概述，以扩展对看板的使用和理解，帮助你超越看板来改善业务和生活。

本章包含以下主题：

- 将看板扩展到业务和生活新领域。
- 将敏捷、精益与看板相结合。
- 为什么看板有效。
- 超越看板。
- 清单。

将看板扩展到业务和生活新领域

可以将看板用于你做的每件事吗？看板可用于业务和个人生活中的各种活动，主要的要求是工作有开始和结束。看板可用于团队——只要工作区够大放得下展示板，也可以只给你自己使用。

我将从看板在业务场景中应用开始，以个人使用收尾。

向上、向下和向外扩展看板

你可以将看板向上扩展到尽可能多的人一起使用，只要所有人能够在每日站会时在一个房间中查看展示板。从实践来看，人数最好少于 100 人。看板可以很方便地扩展，因为个人可以随时移动自己的卡片，不需要每个人都在每日站会上发言（只需要那些遇到阻塞问题的人发言），看板的流程与当今面向服务的架构非常吻合。如果你使用线上虚拟展示板，你可以让更多的人参与每日站会，但展示板上的卡片数量和种类可能最终变得无法管理。当你的展示板变得难以管理，或者要求架构进行重大重构时，就是拆分团队的时候了。

参见 *Anderson, David J.* Kanban. Sequim, *WA: Blue Hole Press, 2010.*

当使用看板来管理大型团队时，会遇到很多不同类型的工作。每种类型的工作项的完成步骤可能不尽相同。在第 8 章“持续工程”中有一示例，其中的展示板有两条泳道（有时也称为“流水线”）：一条用于问题升级，另一条用于缺陷处理。每个泳道有自己的步骤，以及相应的在制品限制和完成规则。泳道展示在同一块板上，如第 8 章所示。有些展示板可能显示 5~6 条不同的泳道。在看板快速启动指南（第 2 章）中，我通过让不同类型的工作项在单条泳道内共享相同的步骤来加以简化。但是，对于较大的团队和相当多样化的工作，可能需要为每种工作设置单独的泳道来跟踪变化。

参见 *Ladas, Corey.* Scrumban: Essays on Kanban Systems for Lean Software Development. *Modus Cooperandi, 2009.*

将泳道添加到展示板中可以做到向下扩展。你也可以向外扩展展示板，即延展到工作流的上游工作步骤和下游工作步骤中。本书中的大多数展示板示例有 3 个步骤:“分析”“实施”和“验证”。展示板也可以反映产品开发中的特殊步骤，包括“分析”之前的步骤和“验证”之后的步骤。换言之，你可以使用一个看板墙从头到尾管理产品。

在第 6 章“部署组件、应用和服务”中，我介绍了“验证”之后的许多步骤，但我假设这些步骤是在团队之外进行的，因此展示板只需要跟踪它们的状态。如果团队自己负责部署工作，则可以使用适当的在制品限制和完成规则将部署步骤添加到展示板上。

我最喜欢的“分析”之前的步骤是来自聚焦场景工程（Scenario-Focused Engineering, SFE）。图 9.1 是 SFE 展示板的示例。

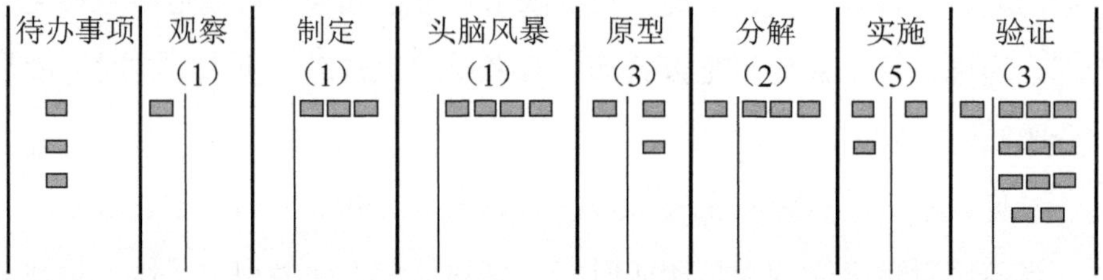

图 9.1　SFE 展示板

- “待办事项”列含有多个高层级的初始设想，每个设想都代表了某目标客户群期待的理想结果，如“游戏玩家的沉浸式全息环境”（一个虚构的例子）。
- “观察”（Observe）步骤从待办事项中取得一个高层级设想，观察目标客户，获取关于“目标客户是谁，他们做什么，他们如何行动及他们为什么关心”等一切信息。“观察”的完成规则可能是“捕获定量的、定性的有关客户所看、所做的数据的组合，并且记录对这些数据的见解”。
- “制定”（Frame）步骤通过获取到的客户数据和见解，构建一系列成功指标和 SPICIER 场景。[SPICIER 代表“讲述客户故事（Story）”，“包括客户的个人（Personal）信息”，“与实施（Implementation）方式无关”，“以客户（Customer）的声音讲述”，“揭示关于客户需求的深度见解（Insight）”，“包括情绪（Emotion）和环境（Environment）”，以及“基于研究（Research）”。]“制定”的完成规则可以是“生成了一组高优先级的包含成功指标的 SPICIER 场景集合”。
- “头脑风暴”（Brainstorm）步骤针对一种场景，集思广益，得出所有可能的实现方式。满足需求的最佳实现方案被考虑用于原型设计。“头脑风暴”的完成规则可以是“产生十几个或更多的选择，最终确定了 3~5 个非常可行的设计方案”。
- “原型”（Prototype）步骤针对一种设计方案，快速生成足够收集客户反馈的原型。该原型可以是纸模型、PowerPoint 动画或可用于 A/B 测试的简单代码。很可能你的第一个原型不是客户正好想要的，因此应该多花几天时间做几个不同的版本，然后拿给客户收集反馈。“原型”的完成规则可以是“获取客户对一个或多个相关原型的反馈”。从概念上讲，原型设计中的记录卡可以回退。如果客户反馈表明需要进行更多设计工作，请将卡片回退到“头脑风暴”或更早的步骤（在实践中，通常会创建不同关注点的新卡片）。

- “分解”（Breakdown）步骤基本上是看板快速启动指南（第2章）中的“分析”步骤，但此处的大部分特性规范已由先前创建的场景、设计、原型和客户反馈提供。“分解”的完成规则可以是“所有工作项分解为不到一周的工作，每个工作都有可用的特性规范”。
- 剩下的“实施”和“验证”步骤与“看板快速启动指南”（第2章）中所述的相同。你还可以像第6章中描述的那样，在最右边增加一些区域来跟踪部署。一旦产品或服务部署完毕，就可以获得更多关于工作代码的客户反馈，作为新的想法用于观察、制作和头脑风暴等步骤。

聚焦场景工程（SFE）在很大程度上依赖迭代和客户反馈来调整设计、原型和优化设计。看板的持续交付和客户的持续反馈非常适合 SFE。

参见 *De Bonte, Austina, and Drew Fletcher.* Scenario-Focused Engineering: A Toolbox for Innovation and Customer-Centricity. *Redmond, WA: Microsoft Press, 2014.*

个人使用看板

许多个人项目都有开始和结束，包括做家务、完成学校作业和写博客。如果你发现自己需要用更结构化的方式来保持专注并完成这些个人任务，可以考虑采用看板。

最简单的形式是，把家里的小黑板或白板当成看板，放置在看得到的地方（如厨房）。在展示板上列出待办事项，并且只有一个名为“进行中”的步骤，如图 9.2 所示。

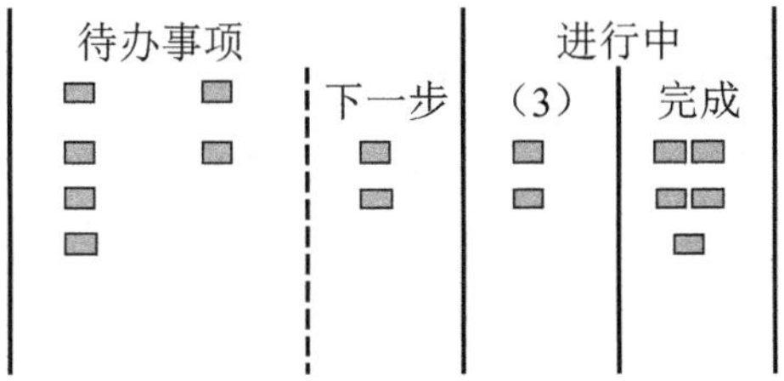

图 9.2　个人使用的展示板

把需要做的事情写在便利贴或卡片上，然后把它们放入“待办事项”列表。对同时进行的工作项数量设置限制，这将成为“进行中”步骤的在制品限制。在这个例子中，我将限制设置为 3，这足够让我忙起来，但也不会多到让我失去重点。完成一个工作项后，将其从“进行中”的左列移到“完成”列。这会给“进行中”空出一个位置，你就可以从待办事项中拿取下一个工作项并开始进行。

个人使用看板，每日站会就是和你自己开会——没有项目经理或分析师帮助你为待办事项排序或管理工作流程。大量的需要处理的待办事项可能让你不知所措。为了减少“存在性开销”[①]，添加“下一步”列是有帮助的。这样，你就能知道接下来会做什么，并且可以根据需要从待办事项中取出工作项填充到“下一步”列。

个人看板以简单的方式组织和跟踪待办事项列表，限制了可以同时进行的工作项数量，这让人更专注。它还使工作项让其他人清晰可见，并且提供将工作项移动到“完成”列的满足感。现在甚至有专门的个人看板应用程序适配多种设备。

如果想要处理更复杂的情况，可以引入更多步骤，或者为不同类型的任务单设泳道和步骤，以及为步骤设定完成规则。也可以简化，只保留“进

① 存在性开销 （Existential Overhead）：指未完成的工作造成的注意力分散和焦虑。——译者注

行中”列。这是你个人的展示板，可以帮助你保持更高效率、有更多产出。

参见 *Benson, Jim, and Tonianne DeMaria Barry*. Personal Kanban: Mapping Work | Navigating Life. *Seattle: CreateSpace Independent Publishing Platform, 2011.*

将敏捷、精益与看板相结合

哪些实践适合看板，哪些与看板不相适应？由于看板是一种管理工作流的方法，因此任何实践，只要可以作为工作流中的步骤，或作为步骤完成的条件，都可以与看板完美结合。不需要工作流的实践，如突然出现需要快速回复的电子邮件或非正式会议，当然也可以通过创建电子邮件或会议的流程来适配看板，但对任何工作都强制实施工作流其实并不必要。

看板结合了敏捷和精益实践。许多实践可以相互结合，也可以与看板结合使用，我已经提到了一些，如跨职能团队、持续集成、迭代开发、待办事项列表和计划扑克。

以下是其他几个众所周知的实践，简要介绍了团队如何将它们纳入看板。

测试驱动开发（Test-driven Development，TDD）

TDD 是在更改实际代码之前编写单元测试的实践（见第 8 章所述）。测试最初会失败，编写代码直到它们通过。使测试通过可以为单元测试提供正向强化。（相反，先编写代码再编写单元测试，如果测试失败则会强化对单元测试的负面感受。）此外，使用 TDD 编写的代码具有可测试性，并且代码只包含实施测试要求的内容，因此它往往具有高内聚松耦合的特点，并且只专注在满足需求的最少工作上——这是设计良好的代码的共同属性。

如果你愿意，可以将是否采用 TDD 留给团队成员决定（依赖健康的同伴压力）。如果你希望将 TDD 纳入看板工作流程，可以把“实施”步骤叫作“TDD”，或将“实施”的完成规则定义为“使用 TDD 开发代码并进行审核，静态分析完好通过，代码已签入，面向客户的文档已经完成”。（你也可以在看板上为“编写单元测试”和“让测试通过”设置单独的步骤，但这样可能颗粒度太细了，因为这意味着每张卡片都有一个单元测试或一组小测试。）

参见 *Beck, Kent.* Test-driven Development by Example. *Boston: Addison-Wesley, 2003.*

重构

重构是重构代码而不改变其外部行为的实践（单元测试仍然通过）。当一个函数或类需要增强或改变时，你可以让这个函数或类变得更大和更复杂，或者你可以重构它（分解成多种实现方式的一种），然后添加新功能，同时保持分解后的代码单元内在的一致性。重构使代码更容易测试、增强及维护，它需要预先进行完善的单元测试，以确保重构后的代码的外部行为是不变的（没有引入缺陷）。重构是 TDD 固有的一部分，因为在编写新单元测试之后经常需要重构代码。

你可以在“实施”之前添加“重构”步骤，但由于在实施期间通常会发生多次重构，因此更好的选择可能是将“实施”的完成规则更改为“代码编写（使用 TDD）完成，单元测试已通过，已按需重构，并通过评审；静态分析完好通过；代码已签入；面向客户的文档已经完成”。

参见 *Fowler, Martin, et al*. Refactoring: Improving the Design of Existing Code. Reading, *MA: Addison- Wesley, 1999.*

验收测试驱动开发(Acceptance Test-driven Development，ATDD)

ATDD 是在编写实际功能代码之前先为新功能编写验收测试的实践。它与 TDD 类似，不过它是在更高的抽象级别完成的。除了确保你有一组广泛的验收测试，ATDD 还可以使场景、故事和特性规范更清晰。毕竟，如果没有清晰的验收标准，就很难编写验收测试。

ATDD 非常适合作为看板上的一个附加步骤。你可以将待办事项之后的步骤命名为“编写验收测试”“分解”“实施”和“验证”。“编写验收测试”的完成规则可以是“编写验收测试，并且所有验收成功条件得到明确定义”。“分解”步骤基本上等同于“看板快速启动指南”(第 2 章)中的“分析”步骤，但是由于验收测试已经提供了大量的规范，所以在这步只需要集中于工作的分解。“分解”的完成规则可以是“所有工作项分解为不到一周的工作”。

参见 *Pugh, Ken.* Lean-Agile Acceptance Test-Driven Development: Better Software Through Collaboration. *Upper Saddle River, NJ: Addison-Wesley, 2011.*

行为驱动开发(Behavior-driven Development，BDD)

BDD 是 TDD 和 ATDD 的一种方法，将编写的测试集中在组件和系统的预期行为上。BDD 以一种清晰且易于验证的方式指定产品行为，通常使用特定的语言来描述测试和这些测试的验证。

BDD 会改变看板的完成规则。如果使用 ATDD，则“编写验收测试”的完成规则可以是“验收测试使用 BDD 编写并遵守了 BDD 语法”；如果使用 TDD，则“实施”的完成规则可以是“用 TDD 方式开发的代码使用了 BDD 的命名和验证，评审已通过，静态分析完好通过，代码已签入，面向客户的文档已经完成”。

参见 *Chelimsky, David, et al*. The RSpec Book: Behaviour-Driven Development with RSpec, Cucumber, and Friends. *Lewisville, TX: Pragmatic Bookshelf, 2010.*

结对编程

结对编程是两个人一起编写代码的方法。一个人［观察者（observer）］对另一个人［代码编写者（driver）］在键盘上输入的代码和设计做即时评审。代码编写者和观察者每天多次转换角色，以保持每个人的新鲜感，缓解单调，并且保持伙伴关系。结对编程使每个人都参与进来，确保每一行都经过评审，并且推动关于设计和实施选择的深入对话。除了能提升注意力和代码质量，结对编程对于在团队内部、跨工作职能，以及与新的或缺乏经验的团队成员信息共享也很有用。

如果你愿意，可以将是否采用结对编程留给团队成员自己决定（依赖健康的同伴压力）。如果你希望将结对编程纳入看板工作流，则可以在展示板上将“实施”步骤称为“结对编程”。在此之上（或者替代的方法）可以定义“实施”的完成规则：“代码通过结对编程完成，静态分析完好通过，代码已签入，面向客户的文档已完成。”

参见 *Williams, Laurie, and Robert Kessler*. Pair Programming Illuminated. Reading, *MA: Addison-Wesley, 2002.*

DevOps

DevOps 是开发人员与服务运维人员密切合作，共同创建和维护软件服务的实践。在设计服务时，服务运维人员直接参与服务设计。当服务在生产环境中出现严重问题时，受影响部分的服务的原开发人员将直接参与问题修复。DevOps 通常与生产环境测试（Test in Production，TIP）和持续部署相关联。

DevOps 可以合并到看板中，如第 6 章中的“持续部署”小节所述。此外，“验证”步骤可以由开发人员而非测试人员执行。对于 DevOps 团队，“看板快速启动指南”（第 2 章）中有关“验证”的完成规则的示例有很高的相关性：“工作被部署到生产环境中，大量真实客户进行尝试，所有发现的问题都已解决。”

参见 *Humble, Jez, and David Farley.* Continuous Delivery: Reliable Software Releases Through Build, Test, and Deployment Automation. *Upper Saddle River, NJ: Addison-Wesley, 2010.*

我现在和过去的所有 Xbox 团队都采用了 DevOps。我的许多团队都采用了 TDD 和重构，有些团队使用了结对编程。以上列出的所有方法都很有价值，可以很好地应用于看板。

为什么看板有效

为什么看板这么有效？因为它结合了可视化、极简主义（Minimalism）、利特尔定律（Little's Law）、单件流（Single-piece Flow）、约束理论（Theory of Constraint）和鼓—缓冲—绳（Drum-Buffer-Rope）。这里提到了相当多的概念，让我们一个个来介绍。

- 可视化是看板的核心。每个人都可以随时看到展示板，包括所有步骤、完成规则和工作任务（以记录卡的形式呈现）。可视化保证了透明度，使状态评估变得简单。更重要的是，它提供了有关工作流健康状况的实时反馈。其他项目管理方法可能隐藏了工作流问题，直到它们糟糕到无法掩盖为止。看板可视化将工作流问题置于最重要的位置，让团队中的每个人都能立即看到它们。

- 极简主义是看板设计的关键。看板方法允许团队保留现有的工作流程、角色、职责和头衔，只需要进行稍微调整就可以使看板适应团队喜欢的任何方法，并且仍能享受看板带来的显著的生产率提升和质量改进。这使得看板很容易被使用并使团队能快速感受到收益。
- 利特尔定律是排队论（Queuing Theory）中一个得到严格证明的描述。它表示系统中的在制品（数量）等于系统平均吞吐量乘以系统响应时间。也就是说，一天内完成的工作项数量乘以响应新工作所需的天数，应该等于已经开始但还未完成的工作项数量。

对于软件开发而言，系统意味着团队、工具和流程。团队希望最大限度地缩短响应时间，以便在当今的技术市场中具有竞争力（这就是敏捷）。根据利特尔定律，响应时间等于在制品数量除以吞吐量。因此，为了最大限度地缩短响应时间，必须减少在制品数量并提高吞吐量。看板通过在制品限制减少在制品数量，并且通过以下方法提高吞吐量：可视化工作（暴露工作流问题），执行完成规则（提高质量并减少返工），调整在制品限制以最大化工作流量。

参见 *Reinertsen, Donald.* Managing the Design Factory: A Product Developer's Toolkit. *New York: Free Press, 1997.*

可视化、极简主义和利特尔定律在更高层次上解释了为什么看板这么有效，但调整在制品限制以最大化工作流量值得更详细地解释，这也是单件流、约束理论和鼓—缓冲—绳发挥作用的地方。

单件流

我将从一个重要的理论陈述开始：理想的在制品限制是 1（一个工作项），也称为单件流（Single-piece Flow 或 One-piece Flow）。这是可以设定的最小在制品数量，对于一个给定的系统，它可以提供最快的响应速度。（在制品数量为零意味着没有工作要做，几分之一的在制品则意味着没有一项工作是完全完成的。）

虽然单件流在理论上是最理想的，但在实践中很少这么做。每项工作的大小不同，工作的复杂程度也各不相同——有些工作难在分析，有些工作难在实施，有些工作难在验证。这些不同会导致流动不均衡并使某些人空闲。有时让人们空闲是好的——他们可以帮助那些正在苦苦挣扎的人，而不是堆积更多的工作。但是，总是切换工作类型并不容易，并不总是能有实际帮助的。此外，使用少量缓冲，可以平衡变化，使每个人在更长的时间段内保持高效（有更高的吞吐量）。诀窍是使在制品限制尽可能小，但不要太小以至于没有任何缓冲。为了找到正确的平衡，理解约束理论是很有帮助的。

参见 *Crenshaw, Dave.* The Myth of Multitasking: How “Doing It All” Gets Nothing Done. *San Francisco: Jossey-Bass, 2008.*

约束理论

如何将在制品限制设置得尽可能小，同时让每个人在大多数时间保持高效？假设有一个工作流，其余所有步骤都只需 1 天，但有一步耗时 1 周（每个步骤由一人负责），那么你能在此工作流中实现的最快吞吐量就是每周产出 1 件完成品。制约吞吐量的就是最耗时（1 周）的那个步骤。

注意

在实际情况中，最耗时的步骤根据工作项的不同而异，但为了简化起见，让我们先考虑这个简单示例。

即便快的步骤每周可以产出 5 件制品（假设每周工作 5 天），整体吞吐量仍然是每周 1 件（参见下面的解释）。快的步骤只会产生一堆待处理的在制品，增加了在制品的数量，从而减少了响应时间。（耗时 1 周的步骤必须先完成待处理的大量积压工作，才能处理新制品，除非你把所有积压的在制品都丢掉——这可不是个好的选择。）

注意

工作周期时间（Cycle Time）是一个工作项通过工作流所有步骤所需的时间。你的团队一次要处理多个工作项，这里重要的是吞吐量（Throughput），即团队每天交付的完成品数量。如果最耗时步骤需要 1 周，那么吞吐量就是每周 1 件完成品。

最耗时步骤成为吞吐量的约束来自约束理论（Theory of Constraint，TOC）。该理论指出，提高吞吐量的方法是加快最耗时步骤，也称为“提升约束”（elevating the constraint）。有几种方法可以提升约束。

- **并行执行最耗时步骤**。继续以上示例，现在假设你为耗时 1 周的步骤分配了 5 个人，以匹配其他步骤的吞吐量。现在你可以每周完成 5 件（之前吞吐量的 5 倍）。但是，耗时长的步骤中正在进行的工作项数量将从 1 增加到 5（原来的 5 倍）。如果你有 2 个其他步骤，每个步骤的在制品限制为 1，那么响应时间将从 3 周（3 项 / 每周 1 项）变为 1.4 周（7 项 / 每周 5 项）。这比之前好一些，但吞吐量不到之前的 5 倍。

  如果再向耗时 1 周的步骤中增加更多的人，那么为了跟上速度，你还得为其他步骤也添加更多人员，这进而会增加在制品的数量并延长响应时间（见图 9.3）。无论添加多少人，1.4 周的时间都是理论上可以达成的最快响应速度，因为已经做到了所有步骤的吞吐量都匹配（理想的利用率）。

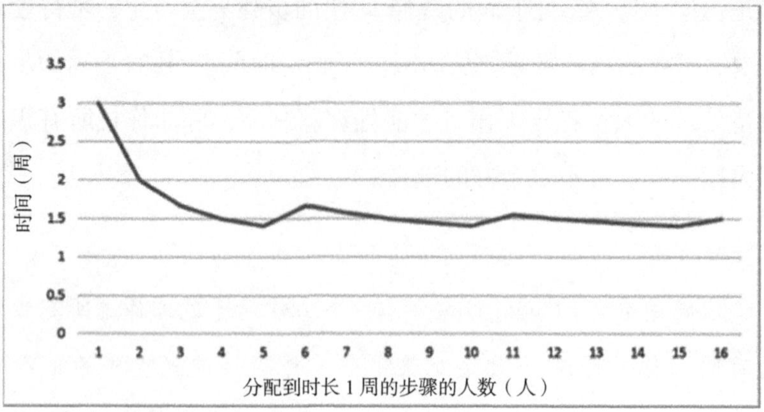

图 9.3　响应时间

- **将最耗时的一步分解为多个小步骤**。例如，把耗时 1 周的步骤分解为 5 个 1 天的步骤（假设每周工作 5 天）。吞吐量从每周 1 件完成品变为每天 1 件完成品，但最耗时步骤的在制品数量从 1 件增加到 5 件。和之前一样，如果也假设有另 2 个步骤，那么分解之后响应时间会由 3 周下降到 1.4 周［7 项 /（每天 1 项，每周工作 5 天）］。这肯定更好，但这种方法需要配备更多人和协作更好（虽然看板使协作更容易）。
- **改进最耗时步骤以使其更快** 。这种方法是最有效的，也是最有影响力的，只要你仍能达成完成规则设置的质量条件。你可以通过自动化、简化和经过深思熟虑的重新设计来加快这一步骤。也许你在某些方面过度设计了， 也许人们需要花费额外的时间搜索信息、等待构建，或者受阻于合作伙伴。任何事情，只要使最耗时步骤上的人均速度更快，就可以在不增加在制品数量的情况下提高吞吐量，从而直接缩短响应时间。换句话说，投资于生产率改进（如快速构建、测试和部署）可以带来很大的不同。

TOC 提供了如何提高吞吐量的理念，TOC 中的一个具体方法——被称为“鼓—缓冲—绳”——使我们可以切实做到平衡在制品限制。

参见 *Goldratt, Eliyahu M. and Jeff Cox.* The Goal: A Process of Ongoing Improvement. 3rd revised edition. *Great Barrington, MA: North River Press, 2004.*

鼓—缓冲—绳

无论你选择改进约束（针对最耗时步骤）的方式为何种，你都不希望在该步骤花费更长的时间。最耗时步骤中的某些变量是无法控制的，但你可以控制其中的一些。其中有 2 种错误是可以避免的：

- **不要使最耗时步骤空闲**。由于吞吐量完全取决于最耗时步骤，该步骤空闲会让整个工作流慢下来。最耗时步骤应该永远都不存在等待。
- **不要强行使最耗时步骤变快** 。实际上，加快最耗时步骤是对的（改进了约束），但是强迫人们更快地工作通常会导致质量问题和返工。所有这些返工都会降低吞吐量并增加在制品数量，这与目标背道而驰。

鼓—缓冲—绳是 TOC 的一个具体应用，可以避免这 2 种错误，并且确保所有步骤的速度匹配，从而获得最佳响应时间。顾名思义，它有 3 个关键概念：

- **鼓（Drum）**。鼓是最耗时步骤（约束）。你需要让其他步骤都匹配鼓的速度，以确保鼓始终在敲击，不会过载，并且所有步骤都得到充分利用。
- **缓冲（Buffer）**。缓冲区里放额外的工作项，以适应鼓的速度变化。你无法避免变化，特别是在产品开发过程中。有一个缓冲区可确保你的鼓始终在敲击。
- **绳（Rope）**。绳索限制较快步骤，使其根据鼓（最耗时步骤）的平均敲击速度来生产。使用绳索可确保你的鼓不会过载，并且所有步骤都得到充分利用。

一个可爱的鼓

大卫 · 安德森（David Anderson）在他的博客中提供了一个令人印象深刻的、简单的鼓—缓冲—绳的例子。当大卫遛狗时，他的小女儿喜欢和他在一起。大卫的狗比他的女儿大，是他们 3 个中跑得最快的。无论大卫或狗做了什么，散步的速度都是由大卫的女儿决定的——她就是约束（见图 9.4）。

图 9.4 鼓—缓冲—绳实例

当大卫需要收拾狗的便便时，他用一根绳牵住他的女儿。绳有足够的松弛度使他的女儿无须减速。大卫用一条皮带拴住狗，以便他和狗尽量靠近他的女儿（松开狗会引起混乱）。大卫的女儿是鼓，绳是缓冲，皮带是绳子。只要大卫和他的狗跟上女儿的节奏，并且用一点缓冲来处理变化，散步就会始终令人很愉快。

将鼓—缓冲—绳应用于看板有点不完美，因为工作的复杂度在步骤之间会发生变化（同一步骤并不总是耗时最长的）。但是，一般总有一步平均耗时最长，因此鼓—缓冲—绳可以对平衡在制品限制提供一些思路。图 9.5 是“看板快速启动指南”（第 2 章）中的一个例子，其中的“实施”步骤平均耗时最长。

确定WIP限制		在黄色高亮区域填写数值	
步骤	分析	实施	验证
A：每人每月的平均生产率	6	2	3
B：最慢生产率（在步骤A中最小值的那列）		2	
C：给步骤B分配人数		3	
D：步骤B的吞吐量 (B * C)		6	
E：匹配B的吞吐量的人数 (D / A)	1	3	2
F：WIP限制［E * 1½ 四舍五入（上舍入）］	2	5	3

图 9.5　计算过程

- 因为“实施”步骤是约束（最慢的步骤），所以它是鼓。我们希望“实施”总是以最快的速度进行，因此我们将其 WIP 设置为可用开发人员的数量。正如我在讨论 TOC 时所描述的那样，为一个步骤分配更多的人员可以缩短响应时间，特别是如果你想让所有步骤的吞吐量相匹配（绳的目的）时。
- 当“实施”步骤的速度发生变化时，你需要一些缓冲区来保存额外的工作项。毕竟，每个工作项的复杂度不同，开发人员在任何一天的能力也不同。我在“实施”步骤的 WIP 中增加了 50%作为缓冲区。使用 50%没有什么魔力，这只是一个起始点，因为这个百分比足够大，可以应对变化，但又足够小，不会过度拉长响应时间。
- 你需要一些绳来使“分析”和“验证”步骤与“实施”步骤的速度（吞吐量）相匹配。每个步骤的速度是该步骤人均速度乘以分配给该步骤的人数。“分析”和“验证”的人均速度是固定的，但你可以改变人数。设定每个步骤的速度相等，然后计算所需人数。例如，分配给“分析”的人数应是“实施”的人均速度乘以“实施”的人数，再除以“分析”的人均速度。要对绳进行定义，请将“分析”的 WIP 设置为此计算所得的人数，并且对“验证”步骤也进行相同计算。
- 现在有了鼓、缓冲和绳子，但是你还没有考虑到“分析”和“验证”

的速度变化。请记住，工作的复杂程度可能有所不同，人们分析和验证的能力可能逐日变化。幸运的是，看板的每个步骤都有 WIP，所以可以为“分析”和“验证”的 WIP 增加缓冲，就像为“实施”所做的那样（为每个步骤添加 50%作为起点）。这就形成了一个鼓—缓冲—绳链，每个步骤都被限制在与其他各步骤匹配的速度上，并且每个步骤都有一些缓冲来应对变化。

注意

为了匹配“实施”的速度，“分析”或“验证”计算出的人数可能并非整数。多出的小数部分对应那些只需要兼职的人。看板让你专注于工作，而不用担心人员分配的问题。你将“分析”和“验证”的 WIP（包含小数部分）增加 50%，再四舍五入，就为你提供了 WIP 的起点。分配给“分析”和“验证”的人员可以根据展示板上的可用工作来调节他们的时间。由于 WIP 控制了工作流，因此不再需要其他管理。

看板的 WIP 控制适当的速率，以保持高利用率和快速响应，并且包含一定的缓冲来应对工作项和步骤的变化。你可以跨所有步骤按比例增加人员数量（以及相应的 WIP），从而在保持快速响应的同时增加吞吐量。看板不添加任何无关的东西，并且帮助已经在使用的步骤获得最佳结果。这就是看板如此有效的原因。

参见 *Cox, James F., and John G. Schleier*, eds. Theory of Constraints Handbook. *New York: McGraw-Hill, 2010.*

超越看板

如何超越看板持续改进？可以通过重新构想你的步骤及扩展你的世界

观来实现。

从传统的瀑布式方法到 Scrum 再到看板的演进可能让你抱有希望，觉得还会有另一种更好的方法出现。然而，利特尔定律把不同的（更好的）项目管理方法可能存在的所有的魔力都消除了。它是关于在制品数量和吞吐量的。看板采用一种直接的、最简化的方法来减少在制品数量和优化吞吐量。找到更好的方法来提前提高质量，整合客户反馈，以及更快地实施和部署高质量的产品，这些代表了对步骤和完成规则的重要改进。至于基于这些步骤和完成规则来控制在制品数量及最大化吞吐量，看板则是一个最理想的选择。

如何改进步骤和完成规则？

- **关键链**。分解各个步骤并重新配置它们，以便缩短周期时间和提高吞吐量。
- **精益开发**。在产品开发的各个步骤，尽量减少浪费、提高质量，并且加速吞吐。
- **全局优化**。检查整个公司和行业，用更广的视角查看所采取的步骤，并且考虑如何重新设计这些步骤，以实现更高的质量、更低的在制品数量和更大的吞吐量。

这些改进代表了业务运作方式的重大变化。让我们从你最能控制的区域——看板上的步骤开始。

关键链（Critical Chain）

在本章前面的约束理论（TOC）示例中，所有步骤平均时间为 1 天，除了一个耗时 5 天的步骤（约束）。改进该约束的一种方法是将该步骤分解为 5 个耗时一天的步骤，这增加了在制品数量但提高了吞吐量。另一种方法是重新设计这个耗时的步骤，使其完成得更快。通过使用关键链的理念，可以有效地组合使用这 2 种方法。

工作流中的关键链指的是对实际周期时间产生约束的一组步骤（基于当前给定的工具和人员）。你希望尽可能地缩短该链条，并且确保它始终处于活动状态（如同鼓—缓冲—绳中的鼓）。我谈到了如何通过控制在制品数量和匹配吞吐量来做到这一点，你也可以通过重新设计工作流来实现。

考虑一个工作流，它的各步骤人均吞吐量不同（见图 9.6）。深灰色的步骤是约束周期时间的关键链的组成部分。我会分解这些步骤并重新配置它们。

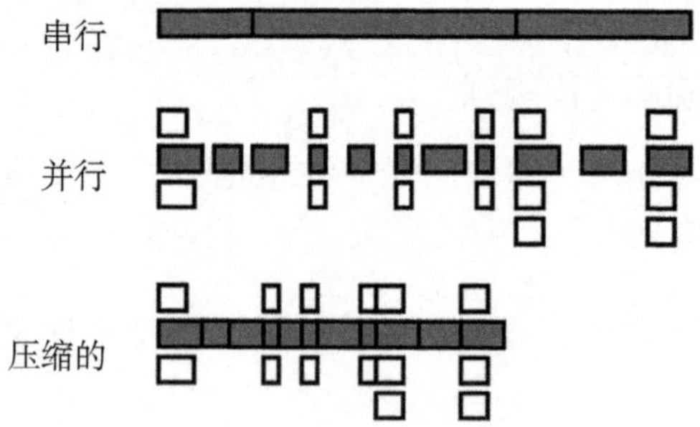

图 9.6　一个工作流的关键链

- （第一行）我从 3 个步骤串行开始，整个长度代表工作流的周期时间（其中时间最长的步骤是人均吞吐量的约束）。所有这 3 个步骤都是关键链的一环。
- （中间行）在步骤分解之后，很明显一些短步骤可以并行完成。每组并行的短步骤中耗时最长的用深灰色标记，因为它们属于决定周期时间的关键步骤。请注意，许多步骤实际上之前已经在并行进行了（如各种客户参与和市场调查）。这就是你把所有短步骤首尾相连，它们看起来会比原来的步骤长的原因。

- （最后一行）把分解后的关键步骤连在一起后，就得到了一个压缩后的周期时间和更快的吞吐率。在看板墙上，并行步骤可以用单独的卡片表示，或者改变执行方式或使其自动化执行（如在审查代码的同时运行构建）。关键链上的步骤成为呈现在展示板上的步骤。

你能对新的工作流做进一步的改进吗？ 可以从精益视角重新检查工作流步骤，我将在下一节中介绍精益开发。

参见 *Goldratt, Eliyahu M.* Critical Chain. *Great Barrington, MA: North River Press, 1997.*

精益开发

即使你通过应用关键链的方式缩短了周期时间，你的步骤中很可能存在大量的时间和精力的浪费（当然如果不应用关键链，浪费依然存在）。你也许能感觉到这种浪费，但很难准确地指出来。

幸运的是，一个多世纪以来，人们一直在研究制造业中的浪费行为。精益制造列出了 7 种应该避免的浪费。你可以在软件开发中加以应用，做出适应性的变化，从而形成精益开发的基础。这 7 种浪费是：

- **过量生产（Overproduction）**。你的产出是否超出了需要？看板会阻止团队分析超出实施范围的工作，也会阻止团队实施超出验证范围的工作。然而，你可能仍在编写超出实际需要的代码，交付客户不会使用的特性，或者制造不需要的产物。当把白板上的设计拍张照片就够了时，你是否还在创建整整 10 页的设计文档？当“规划扑克”和一个简单的电子表格就可以满足需要时，你是否还在花费大量时间撰写计划和估算？偶尔你也需要这些客户从未见过的额外产物，但通常都不需要。回顾一下你所有做的但不会给到客户的工作，然后把那些不必要的工作去掉或简化，这是很有价值的。

至于只编写需要的代码，有 3 种哲学可以提供帮助：重复使用现有的解决方案，“你不需要它”（YAGNI①），以及深度优先开发（Depth-first Development）。使用开源软件或商用现成品（COTS②）软件和服务，在不产生价值差异的地方（通用的功能）可以为你节省大量的精力。（请务必仔细遵循开源软件的许可要求。）YAGNI 告诉你不要创建目前不需要的功能、接口或可扩展性，因为你可能不需要它们，或者你需要的是不一样的东西。（TDD 与 YAGNI 可以很好地结合。）只做必要的事，设计是为了适应变化，而不是预期变化。深度优先开发指导你首先把一个场景和故事端到端地开发完成后，再启动另一个场景和故事的开发。好比开发电子游戏，你应该一次完成一个房间或一个关卡的开发，而不是编写独立的架构组件。通过深度优先开发，你可以避免创建超出所需的内容，并且还可以从频繁的客户反馈中获益。

- **运输（Transportation）**。你是否花了太多时间把信息从一个地方传输到另一个地方？这样的例子包括依赖电子邮件消息、文件副本、构建、部署或分支集成的步骤。寻找加速这种信息传输的方法，例如，采用团队即时消息，自动化、更快的构建和部署系统，以及更简化的分支结构，以减少集成的层级。
- **动作（Motion）**。你是否花了太多时间搜索现有信息？减少不必要的动作将加速你的工作。些许的信息组织工作可能有很长远的影响（我的团队特别喜欢 OneNote）。在搜索信息上浪费时间的另一个常见例子是调试。通常，你发现缺陷的时间越早，修复它们的速度就

① YAGNI 是 You aren’t gonna need it 的首字母缩写。——译者注

② COTS 为 Commercial Off-The-Shelf 的首字母缩写，意为“商用现成品或技术”或“商用货架产品”，指可以采购到的具有开放式标准定义的接口的软件或硬件产品。——译者注

越快，因为所有的信息在你的脑海中仍然是鲜活的，而且你对引起问题的代码所做的更改也将较少。代码评审和 TDD 可以提供帮助。

- **等候（Waiting）**。任务是否经常等待依赖项？看板有助于对工作项进行排序并按需提供新任务。但是，不稳定[①]或延迟交付的依赖项通常会引起延迟。第 7 章“在大型组织中应用看板方法”中介绍了该主题。
- **过度处理（Overprocessing）**。你有被要求做过多不必要的工作吗？有些团队对编码风格、变量和函数命名、注释、冗长且详细的规范、模拟（mocks）、伪对象（fakes）和单元测试很较真。这些都是有价值的良好实践，但它们也可能被做过头了。务实一些，做够流程以满足客户的质量要求，但不要过度。当不确定的时候，试着用静态分析来捕捉问题，灵活处理，然后在客户的质量受到影响的时候加以控制。
- **库存（Inventory）**。你的在制品是否超出必要的数量？看板可以很好地限制在制品数量，但还有很多方法也可以帮助降低库存。将步骤拆分是一个很好的方法，可以进一步找到问题和机会，但这样做不一定是绝对正确的。拆分步骤可能增加在制品数量、运输时间、动作和等待时间，因此只有在能够显著提高吞吐量或消除其他浪费的情况下，才需要拆分步骤。
- **缺陷（Defects）**。你所用的方法和所处环境是否会导致缺陷产生？看板通过完成规则和持续的客户反馈，在每个步骤中提升质量。但是，缺陷可能发生在任何地方：电子邮件沟通可能有缺陷，导致理解错误和返工；工具和流程可能存在缺陷，导致返工、重新构建和

① 原文为 stable（稳定），根据上下文应为 unstable（不稳定）。——译者注

重新部署……你应该关注所做的每件事的质量。每种缺陷模式都应该进行根本原因分析，消除发生缺陷的根本原因。持续改善(Kaizen)应该是所做任何事的目标，因为它的投资回报非常高。

对精益开发的这 7 种浪费需要经常保持警惕。作为持续改进工作的一部分，要学会发现浪费并不断消除浪费。

参见 *Poppendieck, Mary, and Tom Poppendieck.* Lean Software Development: An Agile Toolkit. *Upper Saddle River, NJ: Addison-Wesley, 2003.*

全局优化

有些人将精益思想与减少过量现象和为特定任务实现高效率联系起来。然而，真正的精益思想是以最少的时间、精力和成本为客户提供最大的价值。对客户而言价值是首要的。例如，聚焦场景工程（SFE）在很大程度上依赖可能丢弃的原型和设计迭代。这是浪费吗？如果它能更快地带来更大的客户价值，就不是浪费。

SFE 是努力构建正确产品的一个例子，而不仅仅是完成产品。当对团队的工作做局部优化时，可能会把某些方面做得很好，但你获得的成功将很有限。当在全局范围内优化整个公司的工作时，你将获得巨大的客户价值和高利润，降低成本。全局优化带来了广泛的好处，但它需要广泛的（有时是行业范围的）协作和变革。全局优化很困难，但它有可能改变游戏规则。

要在全局范围内优化你公司的客户价值交付，需要深入了解客户及他们想要获得的价值。不能仅仅依据他们说了什么，还必须了解他们实际在做什么（SFE 详细说明了这一点）。通过在线服务，许多公司可以通过测量和在线实验（如 A/B 测试）了解客户的行为，但是你要测量和测试什么呢？

全局优化的秘诀是遵循客户从确定需求到其被交付这整个过程中所追求的价值。以医院为例，患者在就诊时追求的价值是身体健康。为了在全局范围内优化医疗流程，你需要用最少的时间、精力和成本来向客户提供最大的价值（健康）。因此，要测量和测试的内容包括：

- 病人从因病或受伤联系医院，到他康复，需要多长时间（周期时间）？
- 病人和工作人员需要多少时间用于病人康复（所需的精力）？
- 为了病人康复，使用的设备和外部服务需要花多少钱（产生的成本）？

注意

周期时间不是花在看医生上的时间，这是局部优化。我们对全局优化感兴趣，因此我们计算的是从最初的价值需求（一开始联系医院）到价值交付（病人恢复健康）的时间、精力和成本。

由于我们希望最大限度地减少时间、精力和成本，所以我们需要了解它们是如何产生的，以及里面可能含有哪些浪费。我在前面精益开发的介绍中谈到了浪费。消耗时间、精力和成本主要有两方面：价值需求（与患者的第一次接触）和失败需求（由于疾病未被治愈而导致的后续接触）。我们渴望价值需求——它是事业的源泉，我们厌恶失败需求和各种形式的浪费。

为了最小化失败需求和各种形式的浪费，我们需要考虑价值流：从价值需求（最初的患者接触）开始到价值交付（患者康复）结束的工作流。美国典型的医疗工作流如图 9.7 所示。

图 9.7　美国患者恢复健康通常需要的 22 个步骤

- 患者打电话到医院，解释病情，预约去医院看病的时间。
- 预约当天，患者开车到医院，在前台出示身份证和保险证明，更新联系方式和健康信息，等待看医生。
- 一名护士召唤患者，收集其生命体征（身高、体重、血压、脉搏和体温），并且记录患者的问题。
- 患者在检查室等待医生。
- 医生出现，查看病历，检查病人，讨论病情。此时，医生可能将患者转诊给专科医生，之后，以上所有步骤都要重复进行。
- 一旦医生或专科医生确诊了病情，他就会给出治疗方案，开出药物、检查和治疗的处方。
- 患者从药房取药（另一个重要过程）。
- 如果有检查或治疗，患者会重复以上大多数（通常是所有）与就诊相关的步骤，直至完全康复。（我没有在图 9.7 中显示这些步骤。）
- 患者康复。

对价值流的初步审视得出了失败需求和浪费的几个来源。这些问题在图 9.8 所示的工作流中得到了改善，该流程展示了全局优化后的工作流是什么样子的。

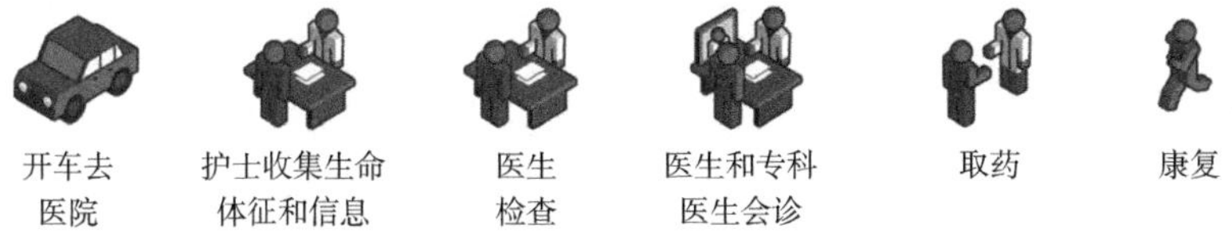

图 9.8　患者恢复健康的 6 个全局优化步骤

- 在初次通话和去医院看病之间有一段等待时间。医院应配备足够的人力来处理价值需求，以便患者无须预约就能前来就诊。潜在的人员利用率不足可以通过其他方式来弥补，但是即使没有其他方法，由于更高的吞吐量和更短的周期时间，每个病人的成本仍然会很低。
- 到达医院后，到处都充满了过度处理、过多动作、库存[①]和等待。当患者去看专科医生时，所有这些都会重复出现。就全国范围而言，将网上医疗信息与个人身份关联起来会存在政治性的和与隐私相关的问题，但个体医生或有一群医生的机构完全可以在网上提供这种便利，在你到达时提供这些信息。
- 收集生命体征和其他基本信息，以及随后等待医生的过程，会出现过多动作、等待和库存问题。许多药店都有自动座椅，可以在等待处方被处理的时候自动获取你的生命体征。想象一下，在医院里有几把稍微复杂一点的椅子，当你到达医院时，护士让你坐在其中一把椅子上。你将身份证出示给座椅（护士可以帮助其他感到困惑或丧失能力的患者）。座椅通知一位有空的医生你到了。当椅子测量你的身高、体重、血压、脉搏和体温时，护士会收集你的病情信息。当椅子记录完你的生命体征后，医生已经来陪你去检查室了。

① 指患者需要排队等待。——译者注

- 诊断、开药和后续检查和治疗包含很多问题，包括失败需求和过量生产、运输、过多动作、等待、过度处理、库存和缺陷（所有 7 种浪费）。缩短周期时间（从看病到康复的时间）最重要的步骤是正确的诊断和及时的治疗，这与能及时为患者提供正确的专业知识紧密有关。

想象一下，医生可以选择使用一个专家系统，通过在线咨询广泛收集专家意见。对于简单的病例，医生可以立即为你提供诊断和治疗计划（可选择是否需要专家系统的帮助）。对于转诊给专科医生的病例，两位专科医生会立即与你和你的医生线上取得联系。专科医生会询问你和你的医生情况并讨论病情。在你和你的医生在场的情况下，两位专科医生的意见将显著提高诊断的准确性（减少缺陷）、检查重点的明确性（减少过度检查），以及治疗计划的有效性（减少失败需求）。现在我们获取了两位专家意见，但没有由于等待、过多动作、运输或库存所造成的浪费。在你离开之前，将安排你进行必要的后续检查或专科护理，并且在你同意的情况下提前传送你的健康数据。

- 医院可以设在与其有协议的药房附近，药房将在电子订购单到达的 10 分钟内处理完处方。一旦医生（或专科医生）决定了治疗计划，系统就会下处方订单。当你的医生解释完治疗计划，你已经穿着停当时，你的药物也已经送达，你就可以开始治疗了（今天许多医院的药房已经以这种方式运作了）。

全局优化的疾病治疗价值流假设医院有足够的工作人员来处理需求，并且有两名专家可以立即在线帮助诊断任何类型的疾病（也有关于座椅、在线系统、药房和专家系统的假设，但这些假设并不牵强）。人员配置假设可能显得过于奢侈（完全不够精益），但是，在优化的价值流中，失败需求和浪费会显著减少，这样可以节省时间，专注于满足价值需求。

在优化的价值流中，医生在诊室里忙于照顾病人，或者在网上帮助其他医生。即使医生偶尔因为价值需求的变化而有所空闲，大量的节省（更不用说满意的病人）所创造的价值足以超出付出，客户更快康复，更节省精力，成本也更低。这使得医院可以在更短的时间内以更少的员工治疗更多的患者。

全局优化会产生不寻常的结果。你感觉不适，直接驱车到医院，坐在大堂的一把座椅上，椅子收集你的体征，护士同时记下你的病情信息，你起身时医生已经来了，一次看病就被确诊和获得有效的治疗计划（可能来自两位专家），在你穿好衣服准备离开时药也送达了。这一切多么令人不可思议，而这样的高效价值流会产生更高的利润，这一点更令人吃惊。

为什么全局优化（如医院这个示例中描述的那样）没有更频繁地发生？因为我们的社会系统是随着时间发展的。随着它们的发展，人们自然地在局部（人们周围的）优化他们的系统，而不是全局。这本书也不例外——前 8 章是关于局部优化的。在全局范围内优化系统通常需要广泛而剧烈的变革，这通常不太现实。但是，如果你愿意并有能力这样做，全局优化是非常值得做的。

参见 *Seddon, John.* Freedom from Command and Control: A Better Way to Make the Work Work. *Vanguard Education, 2005.*

参见 *Womack, James P., and Daniel T. Jones.* Lean Thinking: Banish Waste and Create Wealth in Your Corporation. *New York: Free Press, 2003.*

参见 *Modig, Niklas, and Pär Åhlström.* This Is Lean: Resolving the Efficiency Paradox. *Rheologica, 2012.*

清单

这是一个行动清单，可以了解更多看板以外的信息：

- ❑ 为通过不同工作流的不同类型的工作项添加单独的泳道。
- ❑ 根据需要，扩展看板墙，以便包括“分析”之前的步骤（如客户调研）和“验证”后的步骤（如特性交付）。
- ❑ 使用个人看板来组织你的待办事项列表，使精力更专注。
- ❑ 通过测试驱动开发（TDD）、重构、验收测试驱动开发（ATDD）、行为驱动开发（BDD）、结对编程或 DevOps 来增强敏捷性。
- ❑ 通过研究利特尔定律、单件流、约束理论（TOC）和鼓—缓冲—绳来了解看板的工作原理。
- ❑ 使用关键链来分解各个步骤，以缩短周期时间和提高吞吐量的方式对它们进行重新组合。

- 通过精益思想减少浪费，提高产品开发的质量和速度。
- 在全局范围内优化整个公司的价值流，以提高质量、降低成本和提高生产率。
- 阅读本章所列出的书籍，进一步了解你感兴趣的项目管理主题。